纪念钱伟长诞辰110周年丛书
成旦红　刘昌胜　主编

钱伟长家世、家庭、家教和家风

胡申生　著

上海大学出版社
·上海·

图书在版编目（CIP）数据

钱伟长家世、家庭、家教和家风/胡申生著．—上海：上海大学出版社，2023.9
（纪念钱伟长诞辰110周年丛书）
ISBN 978-7-5671-4800-0

Ⅰ．①钱… Ⅱ．①胡… Ⅲ．①钱伟长（1912-2010）—生平事迹 Ⅳ．① K826.11

中国国家版本馆 CIP 数据核字（2023）第 170258 号

责任编辑　傅玉芳
封面设计　柯国富
技术编辑　金　鑫　钱宇坤

钱伟长家世、家庭、家教和家风

胡申生　著

上海大学出版社出版发行
（上海市上大路99号　邮政编码200444）
（https://www.shupress.cn　发行热线 021-66135112）
出版人　戴骏豪

*

南京展望文化发展有限公司排版
江阴市机关印刷服务有限公司印刷　各地新华书店经销
开本 710 mm × 1000 mm　1/16　印张 13.25　字数 177千
2023年10月第1版　2023年10月第1次印刷
ISBN 978-7-5671-4800-0/K·280　定价 68.00元

版权所有　侵权必究
如发现本书有印装质量问题请与印刷厂质量科联系
联系电话：0510-86688678

总　序

成旦红　刘昌胜

钱伟长先生是我国近代力学奠基人之一，著名的科学家、教育家、社会活动家，上海大学"永远的校长"。

1913年，钱伟长先生出生于江苏无锡一个诗书家庭。在国学大师、四叔钱穆的教导下，18岁的他以优异的中文和历史成绩考入清华大学中文系。入学后不久，九一八事变爆发，他决定舍文从理，学造飞机大炮以报效祖国。他先后在清华大学、加拿大多伦多大学、美国加利福尼亚理工学院喷射推进研究所进行学习和研究，攻克了多个世界性难题，成为蜚声中外的固体力学和流体力学大师。

钱伟长先生的成长受益于中外最优秀的思想文化。钱穆、吕叔湘、杨荫浏、叶企孙、顾颉刚、吴有训、马约翰、辛格、爱因斯坦、英费尔德、冯·卡门这些在20世纪熠熠生辉的名字都与他的成长联系在一起。在与世界顶尖人才的交往学习和中外精粹文化的共同熏陶下，钱伟长先生很早就形成了深刻而独特的思想。他的身上汇聚着传统的坚忍、仁爱与责任感以及现代化的开放、平等与创新特质，这些贯穿了他的科学研究、办学思想、社会活动等方方面面。

一生之中，钱伟长先生始终把个人的命运与国家、民族的命运联系在一起。他满怀深情地说："回顾我这一辈子，归根到底，我是一个爱国者。"

在国家的危难时刻,已经声名远扬的他放弃国外优越的生活条件,冲破阻力只身回国,承担起科学救国的重任;在社会快速发展的年代,他认为教育是国家和民族发展的基础,投身教育振兴,始终坚定地站在科学教育的前沿,在教育和教学实践中汲取中西文化之长,积极探索符合中国国情的教育理论,并尽其所能付诸实践。他的丰满人生、科学精神、爱国情怀永远被大家铭记!

大任于斯,伟业流长。钱伟长先生的一生,从义理到物理,从固体到流体,顺逆交替,委屈不曲,荣辱数变,老而弥坚。他的名言"我没有专业,国家需要就是我的专业"永远激励一批又一批后学晚辈以此为人生信条,为国家和民族的振兴而奋发有为。通过终身的学习奋斗和不辍的研究探索,钱伟长先生获得了丰富的科研及学术成就,形成了深刻而独特的教育思想和学术思想,留下了无数动人心弦的故事,这一切不仅是上海大学的宝贵财富,也是上海人民乃至全国人民的财富。我们研究钱伟长先生,要研究他所处的时代,研究他不平凡的经历,更要面向未来,以钱伟长先生之思想,为无数来者指明前行的方向。

在纪念钱伟长诞辰110周年之际,学校推出"纪念钱伟长诞辰110周年丛书",包括《钱伟长治学理念与教育思想》《钱伟长与上海大学》《钱伟长学术思想、科学精神及其影响》《钱伟长家世、家庭、家教和家风》《钱伟长爱国主义教育思想》《和钱伟长一起成长》六种。通过对钱伟长先生的生平经历和思想理念进行细致全面的梳理和研究,我们才能深入了解钱伟长先生的深邃思想和传奇人生,我们才能真正理解他的理念和实践,继承和发扬他所开创的事业,在他的热爱国家、情系人民的崇高品德和刻苦钻研、勇于创新的科学精神感召下,以饱满的热情为实现中华民族伟大复兴贡献力量!

前 言

　　中国是一个有着几千年连绵不断灿烂文明的国度，注重家庭，注重家教，注重家风，是中华优秀传统文化的重要组成部分。在中国，自古到今，大凡一个名人、一个杰出人物，在其成长过程中，家庭给予的教育和影响都具有重要的作用。有的人在家庭受到的教育和影响还不限于父亲、母亲这一辈的亲炙，甚至还会受到祖辈的恩泽、受到家风的熏染。上海大学的老校长钱伟长，作为一位杰出的科学家、教育家、社会活动家，他的成长就深刻地印证了这一点。因此，当我们着意去探寻他的人生轨迹时，是决计离不开对他的家世、家庭、家教和家风的了解和研究的。

　　关于钱伟长的家世、家庭，钱伟长生前有过一些文字记录，他的叔父钱穆也专门写过回忆文字。无锡钱氏几代人，对钱氏宗谱也持续不断地进行采撷、修订和整理，使我们对钱伟长的家世、家庭、家教和家风有了一个大致的了解。这次为了本书的写作，笔者在原来已有的文献史料基础上，对钱伟长的家世和家庭作了进一步的探寻，并专程到钱伟长的家乡无锡七房桥和荡口镇进行了实地踏访。其中，我要感谢无锡市新吴区鸿山旅游度假区（鸿山街道）旅游科科长、怀海义庄景区管理办公室主任马金芝，钱氏宗谱的作者之一钱永根和无锡图书馆的葛中南等，他们给予我多方面无私的帮助。钱伟长家乡的乡亲、故旧和子弟，怀着对家乡的热爱和对钱伟长的敬仰之情，对钱伟长的家世、家庭都作了不同程度的追忆、记叙，留下了宝贵的乡间文献，笔者在起稿中多有参阅引用。在他们中间，有的已经去世，在这里，请允许我对他们表示真诚的谢意，对逝者表示深切的缅怀。在上海大学，图书馆、博物馆、档案馆党委书记王远弟同志一次又一次地帮我联系钱伟长家乡的领导，安排我去七房桥、荡口镇瞻仰和踏访钱穆钱伟长故居。作为本书的责任编辑，上海大学出版社的傅玉芳编审一如既往地对书稿进行编辑加工，美术编辑柯国富对本书作了精美的装帧设计，我要一并在这里向他们表示由衷的感谢。

钱伟长的家世、家庭、家教和家风，是中国家训、家教、家风文化中一笔宝贵遗产。我相信它对我们今天进一步搞好家庭建设，搞好优秀家教、好家风传承，都有着现实的教育意义和长远的历史借鉴作用。在对钱伟长家世、家庭、家教和家风的研究和记叙过程中，虽有前贤和时隽所撰文字可资参考，但临到行文时仍有文献不足之憾。同时，也因功夫不逮，能力有限，所叙难免有遗漏、讹误之处，望专家和读者不吝指正，为盼为感！

胡申生

2023年8月17日

目 录

第一章　钱伟长的家世 / 1
　第一节　七房桥——钱伟长的桑梓故里 / 3
　第二节　钱伟长是吴越国武肃王钱镠第三十五代裔孙 / 9
　第三节　钱伟长世系和关于七房桥的讹传 / 16

第二章　钱伟长的家庭 / 23
　第一节　五世同堂——钱伟长祖上的高光时刻 / 25
　第二节　"五世同堂"走向衰败 / 33
　第三节　告别祖屋七房桥，迁居荡口镇 / 39

第三章　钱伟长的家教 / 47
　第一节　伦理道德和人品的教育 / 49
　第二节　文化知识教育 / 55
　第三节　重视子女独立谋生教育 / 79
　第四节　良好的教育方法 / 84

第四章　钱伟长的家风 / 87

第一节 书香门第 诗书继世 / 89

第二节 以礼治家 勇挑家庭重担 / 99

第三节 热心公益 造福桑梓 / 103

第四节 家和致祥 其乐融融 / 113

第五章 英才辈出 兰桂腾芳 / 119

第一节 玉昆金友 兄弟俱贤 / 122

第二节 克绍箕裘 子振家声 / 137

第三节 芝兰玉树 各吐芳华 / 158

第六章 寻根认同 共振中华 / 165

第一节 钱伟长的寻根之旅 / 167

第二节 钱伟长的故乡情结 / 173

第三节 钱氏家训 / 186

附 录 一位普通教师眼中的钱伟长 / 195

参考文献 / 201

第一章　钱伟长的家世

第一节 七房桥——钱伟长的桑梓故里

在中国乡间,有着无数的村落。这些村落,就像一颗颗珍珠散落在广袤的大地上,古往今来,演绎着一个又一个动人的故事,揭橥着一个又一个家族的传奇。坐落在苏南地区的一个小村庄——七房桥村,就是著名科学家、教育家、社会活动家钱伟长的桑梓故里,也是以钱伟长和他的四叔钱穆为代表的七房桥钱氏家族的孕育地和发祥地。

啸傲泾

1913年10月9日,钱伟长出生于江苏省无锡县鸿声里七房桥村(今属无锡市新吴区鸿山街道),此地距无锡县城约22公里。离七房桥村千步之遥有一条长两里多的小河——啸傲泾,相传为古吴泰伯奔吴后开凿的"一渎九泾"的"九泾"(香泾、洋泾、龙泽、梅泾、毛家泾、跨长泾、鸭沙泾、啸傲泾、界泾)之一。啸傲泾原名小茆泾(又名小张塘河),相传因东汉隐士梁鸿曾傲然自得地放歌长啸于此而改名为啸傲泾。据《泰伯梅里志》所载:啸傲泾"自张塘河分流南行,经浣香园,又南行,马桥河之水分流,东

缓缓流淌的啸傲泾

北行过钱家桥（俗名钱鸿声里）来会，折而东行，过七房桥不半里，歧而为二，一折而北，过夏莲桥入苏舍荡；一南行不半里，分流东出青石皮桥入青荡；又南行不半里，分流东出葛家桥，亦入青荡"①。在啸傲泾北岸，西有鸿声里，中有七房桥，因此钱伟长的四叔钱穆又称其故里为无锡南延祥乡啸傲泾。

传说的迷雾

关于七房桥的由来，史志并无明载。现在能看到的叙说得最详细的一是钱穆在《八十忆双亲·师友杂忆》书中所记；二是钱伟长在《怀念钱穆叔叔——钱穆宾四先叔逝世十周年忆养育之恩》一文中所作的介绍。

钱穆在《八十忆双亲·师友杂忆》一书中明确说"余

---

① 无锡市史志办公室、无锡太湖文史编纂中心合编：《梅里志 泰伯梅里志》，中国文史出版社2005年版，第307页。

生江苏无锡南延祥乡啸傲泾七房桥之五世同堂。溯其原始,当自余之十八世祖某公"。至于"十八世祖"的名讳,钱穆并不明了,只说这一位先祖,"乃一巨富之家,拥有啸傲泾两岸良田十万亩。而上无父母,下无子女,仅夫妇两人同居"。当时这位钱氏先祖年方三十左右,但身体衰虚,为病所困。虽远近求医,百药皆尝,但均不见疗效,且病情日见沉重。有一天,他的妻子对他说:"我心中一直藏有一些话,不敢对你明言,担心你不会听从,反而被你责怪。"他便回答道:"我的病已到这种程度,你所说的只要于病有利而可听从的,我没有不听从的。纵然实在不能听从的,我也没有任何可以责怪你的道理。"于是妻子说道:"你的病确实已经到了不能依靠药物的力量来治疗的地步,一直不断地服药,反而更容易滋生其他疾病。我反复考虑,要使你的病愈,只有一种办法,那就是常年清修静养这一种办法。但是如果你同意的话,我们夫妻俩又不能同入深山,长期居住在僧寺道院中。我已经将宅西的别院修治好,如果你能够一个人居住在这所别院里,家里的大小事务都由我来负责处理,你可不用操心。我还在别院里另辟一小门,一日三餐,我都会按时送到那里,你听到门铃响,自行前来取用即可。这样做,一开始你可能会感到寂寞,但十天半个月以后,你应该会逐渐习惯。万一有事,我仍然可以开院门把你接出来。我们可以约定,以三年为期,用这样的办法来治愈你的疾病。此前我也曾将我这一想法咨询过两个医生,他们都认为可以试一试。"丈夫听了妻子的这一番话,慨然同意。三年以后,妻子将丈夫从别院中接出来,丈夫竟"病态全消,健复如常"。妻子对丈夫说:"自从你独居别院静养,我就在佛前立下誓愿,当终生吃素,并许愿居家奉佛,独身毕世。只是为你的子嗣大计考虑,已为你物色好两位品行端正、温和善良、又能服侍好你的女子。她们来到我家已经两年,两年来我对她们谆谆诲导,你与他们成婚,一定不会有其他忧虑之事。"丈夫听了妻子这番话,也只能勉强同意。后来,这位被钱穆称为"十八世祖"的"某公",就生下了七个儿子,他先后花了十年的时间,在啸傲泾北岸离岸约15米的地方修建了七所在那时是非常豪华的宅院。"是为七房桥之由来。事载家谱,余未亲睹,此则得之传述。"①

2000年7月,钱伟长在《怀念钱穆叔叔——钱穆宾四先叔逝世十周年忆养育之恩》一文中谈到"七房桥"时说:他和叔叔钱穆两代所承续的钱氏家族这一脉,原居住在浙江嘉兴。南宋末年,元朝大军在伯颜的指挥下,沿长江向南宋大举进攻,沿途城市常州、苏州、嘉兴等地均有反抗元兵的战斗,因此,这些城市遭到屠戮破坏,大量城镇被毁。1276年正月,元军兵临杭州,宋恭宗奉表出降,南宋宣告灭亡。为避兵燹之祸,钱氏家族只得离开嘉兴,逃难至太湖边上的军嶂山,"其中有一个十几岁的青年,父母都死在逃难战乱,这个青年到了军嶂山,为了生活只好入赘无锡南坊前镇的陶家。到了40岁时,生了两个儿子,妻子去世后,他就和陶家族长商量,以长子续陶家香火,姓陶;小儿子姓钱,归宗钱氏。家产一切归陶家,并说明钱陶两家不通婚。他那时已经学得了一手好的木匠本

---

① 根据钱穆《八十忆双亲·师友杂忆》中"七房桥"所载译成白话文(钱穆:《八十忆双亲 师友杂忆》,生活·读书·新知三联书店2021年版,第4~5页)。

领,专长农用水车和脱壳风车,他带领小儿子离开南坊前镇,顺着梁溪向东,到了啸傲泾。这一片约有万亩高地,当时农业收成并不好,在旱年没车水的水车,收成往往很差。这位木匠就在那里安家,以做水车维生。当时那里的农民很穷,他就做了水车出租,秋季不用时,农民把它送回来,他趁冬季对水车进行维修,在春夏之季农忙时,又负责安装修理,非常受当地农民的欢迎。他去世早,儿子接代,几年后儿子死了,孙子接代。三代以后,到了明代中叶,他的事业已经在该地区远近闻名,而且有着最大的库房,也兼营打壳风车。以后又办了酒厂、酱油厂和南货铺,变成了七房桥的首富。他们就是钱氏家族在七房桥的起源。到了明代末年,钱氏家族不仅是首富,而且是有着良田万亩的大地主"[①]。

在钱伟长的叙说中,并未言明其出处;而钱穆所记,则称"事载家谱,余未亲睹,此则得之传述"。可见,关于"七房桥"的来历,在钱穆和钱伟长笔下,都蒙上了一层传说的迷雾。

来自《钱氏宗谱》的记载

钱穆虽然说"事载家谱",但他也称自己"未亲睹"。钱伟长生前也似未提到过"钱氏宗谱"。事实上,无锡钱氏钱穆、钱伟长这一支脉,确实有着自己的宗谱。

现在我们能看到的就有明永乐四年(1406)钱恒的《无锡钱氏世谱》、清道光九年(1829)七房桥钱邵霖纂修

---

① 钱伟长:《怀念钱穆叔叔——钱穆宾四先叔逝世十周年忆养育之恩》,《钱伟长文集(下卷)》,上海大学出版社2013年版,第1250页。

《钱氏宗谱》卷二十一"钱氏文林公支宗谱·惟义公分·七房桥"扉页

的《钱氏宗谱文林公支谱》(二十四册)、清光绪七年(1881)钱内等纂修的《钱氏宗谱》、清光绪十八年(1892)钱承沛参与修订的《钱氏文林公支宗谱》、清光绪二十三年(1897)钱承康重辑的《钱氏湖头分支马桥宗谱》(十册)、民国十四年(1925)钱文选编撰出版的《钱氏家乘》等。其中清光绪七年(1881)钱内等纂修的《钱氏宗谱》现藏无锡图书馆,扉页题"光绪辛巳岁重辑""钱氏文林公支宗谱""义庄藏版"。卷首"目次"又题"钱氏湖头宗谱"。这一宗谱,就是记载钱穆、钱伟长这一支脉的"家谱",也就是钱穆"未亲睹"的家谱。钱文选于民国十四年(1925)出版的《钱氏家乘》中也记有"湖头分文林公派",即钱穆、钱伟长这一无锡钱氏支脉。

2023年2月,怀海义庄家谱编修组在原来的《钱氏宗谱》基础上,通过进一步寻访增修,编撰成《钱氏宗谱》卷二十一"钱氏文林公支宗谱·惟义公分·七房桥",专门记载了"七房桥"钱氏钱穆、钱伟长这一支脉。

第二节　钱伟长是吴越国武肃王钱镠第三十五代裔孙

吴越国武肃王钱镠是五代时期五代十国中吴越国的开国者。钱镠(852—932),字具美(一作巨美),杭州临安人(今属浙江)人。公元907—932年在位。吴越国又称义忠国,是五代十国时期的十国之一,钱镠于后梁开平元年(907)所建,定都杭州。辖有吴越地区十三个州,约为今浙江省全境、江苏省东南部(苏州一带)、上海市和福建东北部(福州一带)。后唐长兴三年(932年),钱镠去世,终年81岁。后唐明宗李嗣源赐谥号"武肃",所以后世称钱镠为"武肃王"。

吴越国武肃王钱镠像

江浙钱氏同以五代吴越国武肃王钱镠为始祖

钱穆在回忆无锡江苏省立第三

师范时说过这样一段话:"江浙钱氏同以五代吴越武肃王为始祖,皆通谱。"① 为什么江浙钱氏会共同以五代吴越国武肃王钱镠为始祖,这与吴越国第五位君主钱弘俶"纳土归宋"有关。

吴越国历三代五王,即武肃王钱镠、文穆王钱元瓘、忠献王钱弘佐、忠逊王钱弘倧、忠懿王钱弘俶。宋太平兴国三年(978年),吴越国第五位君主钱弘俶"纳土归宋",将所部十三州、一军、八十六县、五十五万六百八十户、十一万五千一十六卒,悉数献给宋朝,成就了一段顾全大局、中华一统的历史佳话。吴越国从立国到"纳土归宋",凡72年。如果从唐景福二年(893)钱镠为镇海军节度使算起,至归宋,则前后存续86年。

总体上来看,在五代十国中,吴越国立国的八十多年间,社会安定,经济发展,人口不断增长。虽然五代十国时期也是中国历史上的"乱世",但吴越国历代国君实行保境安民之策,使境内少受兵燹之祸。钱镠在位期间,很重视兴修水利,成绩显著。他修建钱塘江海塘,又在太湖流域广造堰闸,以时蓄泄,得免旱涝,并建立水网圩区的维修制度。尤其是吴越国最后一个国君钱弘俶主动"纳土归宋",使吴越地区的生产力没有因战争而受到破坏,吴越国百姓也没有遭受屠戮。

对吴越国从钱镠立国即确立的保境安民国策的持续贯彻实施和钱弘俶主动"纳土归宋"之举,得到后人的高度评价。北宋资政殿大学士、右谏议大夫、杭州知州赵

---

① 钱穆:《八十忆双亲 师友杂忆》,生活·读书·新知三联书店2021年版,第137页。

抃,曾在上宋神宗的奏折中说,吴越国"地方千里,带甲十万,铸山煮海,象犀珠玉之富甲于天下,然终不失臣节,贡献相望于道。是以其民至于老死不识兵革,四时嬉游,歌鼓之声相闻,至于今不废,其有德于斯民甚厚";在上奏到钱弘俶主动"纳土归宋"时称颂"独吴越不待告命,封府库,籍郡县,请吏于朝,视去国如传舍,其有功于朝廷甚大",还提出将杭州龙山废佛祠妙音院改为道观,使钱氏后人以道士曰自然者居之,"以称朝廷待钱氏之意"。为此,宋神宗下诏,批准将"妙音院改赐名表忠观",并诏命苏轼为表忠观撰写碑文①。苏轼在《表忠观碑》中称颂钱王"允文允武,子孙千亿",而立表忠观则"匪私于钱,唯以劝忠"②。

正因为吴越国开国君主钱镠及其后代钱王有功于吴越百姓,因此,吴越钱氏后人都尊钱镠为吴越钱氏始祖。钱穆称"江浙钱氏同以五代吴越武肃王为始祖,皆通谱",盖源于此。

从钱氏远祖、钱氏近祖到无锡钱氏始迁祖

2023年新编的《钱氏宗谱》介绍了钱氏从传说时代的"少典"到唐代"钱宽"(即钱镠之父)的远祖八十世系;继介绍了从"五代十国"吴越国的创建者钱镠到钱弘俶"三代五王";再继介绍钱氏锡山"始迁祖"钱进,再到"七房桥"钱氏支祖文林公钱恒。所以,我们要明了钱伟长家世,明了"无锡钱氏"这一支,明了"七房桥"的由

---

① (明)张岱作,韩轲轲校注:《陶庵梦忆 西湖梦寻》,江苏凤凰文艺出版社,2019年版,第194页。
② 《苏轼全集》,上海古籍出版社2000年版,第981~982页。

来,必须明白钱氏远祖、钱氏近祖、无锡钱氏始迁祖等概念。

钱氏远祖,是指从传说时代的"少典"到唐代"钱宽"(即钱镠之父)的八十代。

钱氏近祖,是指从武肃王钱镠以来的三四十代,在《钱氏宗谱》中钱镠被称为吴越始祖,即吴越钱氏第一世。

无锡钱氏始迁祖,是指最早由浙江迁徙到无锡的钱氏。无锡钱氏主要有两支:堠山钱氏和湖头钱氏。

钱凌云在《重建始祖武肃王祠碑记》中称:"我祖之于五代也,立国于杭,而锡邑亦在所隶邑。有军嶂山者,尝设兵备唐,于此置甲仗坞焉。六传而承奉公,十一传而承事公,后先迁锡;一居梅里,一居湖滨。"① 碑记中所说"六传而承奉公",是指钱镠的六世孙钱进。钱进(998—1054),字晋宗,号忍轩。为忠献王钱弘佐的重孙。在南宋时仕承奉郎,因祖荫授西京安抚使,却无意于仕途,辞不受职,于宋真宗大中祥符年间(1008—1016)由秀州崇德县(今嘉兴石门)迁至无锡沙头村(今无锡南泉镇塘前站头村),因爱湖头山明水秀,于是辟田开产,定居于此。是为无锡钱氏之始祖,也称湖头钱氏。

碑记中所说"十一传而承事公",是指钱镠的十一世孙钱迪,为忠懿王钱弘俶之后

湖头钱氏始祖
钱进画像

---

① 无锡钱氏宗谱修编办公室:《无锡钱氏宗谱》,2010年,第425—426页。

第一章 钱伟长的家世

裔。钱迪因慕无锡堠山山水之胜,于南宋理宗宝庆元年(1225)从吴兴迁居无锡梅里乡堠山。碑记中称无锡钱氏"一居梅里,一居湖滨",梅里钱氏,后通称堠山钱氏,以钱迪为始迁祖,即钱基博、钱锺书父子之祖上;湖滨钱氏,后通称湖头钱氏,以钱进为始迁祖,即钱穆、钱伟长叔侄之祖上。对此,钱伟长曾明确说:"我的祖先就是湖头钱氏。"①

无锡钱氏在惠山有同一宗祠

无锡钱穆、钱伟长叔侄之湖头钱氏和钱基博、钱锺书父子之堠山钱氏,都为武肃王钱镠之嫡裔孙,因此,这两支钱氏在无锡惠山立有同一宗祠,即惠山钱武肃王祠。惠山钱武肃王祠主祀吴越国三世五王,即一世武肃王钱镠,二世文穆王钱元瓘,三世忠献王钱弘佐、忠逊王钱弘倧、忠懿王钱弘俶。而于堂偏侧则设有专楼,楼内供奉的就是承奉郎、晋宗公钱进和承事郎、尚父公钱迪两位迁锡祖公②。对此,钱穆曾在《师友杂忆》中提及:"无锡钱氏在惠山有同一宗祠,然余与子泉不同支。年长则称叔,遇高年则称老长辈。故余称子泉为叔,锺书亦称余为叔。"③钱穆文中提到的子泉,即钱基博,字子泉;锺书即钱锺书,钱基博之子。钱穆在这里明确讲到江浙钱氏同以五代吴越武肃王为始祖,钱穆、钱伟长的钱氏与钱基博、钱锺书的钱氏都属于钱氏无锡支脉,并在无锡惠山有共同的宗祠,

---

① 钱伟长:《无锡望族与名人传记·序》,载赵永良、蔡增基主编《无锡望族与名人传记》,黑龙江人民出版社2003年版。
② 钱志仁:《无锡钱氏家族散记》,载赵永良、蔡增基主编:《无锡望族与名人传记》,黑龙江人民出版社2003年版,第764页。
③ 钱穆:《八十忆双亲 师友杂忆》,生活·读书·新知三联书店2021年版,第137页。

但同宗不同支。

七房桥支祖

钱穆、钱伟长这一湖头钱氏支脉除奉钱镠为吴越钱氏始祖、尊为钱氏"一世",尊钱镠六世孙钱进为无锡钱氏始迁祖以外,又尊钱镠第十六世裔孙文林公钱恒为无锡七房桥支脉的始祖,称之为"七房桥支祖"。

钱恒(1341—1411),字伯刚,号文林,在族谱中称"文林公"。在新修《钱氏宗谱》中将钱恒列为"七房桥"等二十多个钱氏集聚区域的支祖。

"三德支"

在《钱氏宗谱》中,还有一个概念叫"三德支"。所谓"三德支",是指钱镠第十八世裔孙钱种德、钱顺德、钱正德兄弟三人。根据新修《钱氏宗谱》记载,文林公钱恒生子三人,为钱登、钱訾、钱发。钱发(1363—1417),字公达,号梅堂,称梅堂公。明洪武十六年(1383)赘于垂庆乡周氏,人称砖桥钱氏自此始。钱发育有三子,长子种德,字惟常,称惟常公;次子顺德,字惟孝,称惟孝公;幼子正德,字惟义,号阅耕,称惟义公。新修《钱氏宗谱》卷二十一《钱氏文林公支宗谱·惟义公分·七房桥》的"前言"中说:"我钱氏文林公一支,自武肃王十四世裔孙明远公文焯(1281—1351),由新安迁居圆通北钱并在啸傲泾沿河置屋;后武肃王第十六世裔孙文林公恒(1341—1411),其子发(1363—1417)赘砖桥,生三子种德、顺德、正德,分居在啸傲泾、钱三房、七房桥。几百年来,子孙繁衍,期间人才辈出。"因此,在钱伟长家世的脉络之中,作为钱氏第十八裔世的"三德支"具有重要的地位。而钱穆、钱伟长一脉,就是出于钱恒幼子惟义公钱正德。所以,新修《钱氏宗谱》卷二十一定名为《钱氏文林公支宗谱·惟义公分·七房桥》。"惟义公"钱正德实为钱氏"七房桥"之开山者。因此,说起无锡"七房桥",不能不提"三德支",不能不提"惟义公"钱正德。"无锡钱氏宗谱"不仅有"湖头钱氏"总谱,而且有专记钱种德、钱顺德、钱正德三兄弟"三德支"的《钱氏文林公支宗谱》。钱穆在《八十忆双亲》"七房桥"中称"余之十八世祖某公",就是惟义公钱正德。

根据钱伟长祖父钱承沛参与修订的光绪十八年的《钱氏文林公支宗谱》所载,钱承沛在"惟义派七房桥"世表上列为钱镠之第三十三世,钱伟长父亲钱挚、四叔钱穆列为第三十四世,如此钱伟长则为钱镠第三十五世裔孙[①]。

---

① 钱伟长生前在为浙江临安钱王祠题写匾额时落款称自己为吴越王钱镠第三十四裔孙,有误。

第三节　钱伟长世系和关于七房桥的讹传

关于钱伟长"湖头钱氏",经过几代人的绍继努力,不断搜罗扒剔,修成宗谱,不但可以使我们对钱伟长世系有一个比较清晰准确的了解,并且也可厘清谬传,纠正讹误。

钱伟长家世简录

根据新修的《钱氏宗谱》,将钱伟长家世从"七房桥支祖"文林公钱恒一直到钱伟长简录如下:

第十六世文林公钱恒(1341—1411),字伯刚,号文林。为钱氏无锡七房桥、砖桥、东河头、南六房巷支祖。

第十七世钱发(1363—1417),字公达,号梅堂,称梅堂公。洪武十六年(1383)赘于垂庆乡周氏,人称砖桥钱氏自此始。子三:种德、顺德、正德。

第十八世钱正德(1402—1466),字惟义,号阅耕,称惟义公。子七:洪、津、溥、渊、濂、瀠、濡。

第十九世钱洪(1423—?),字孟洪,号梅林公。子五:枢、楠、桴、校、植。

第一章 钱伟长的家世

第二十世钱枢(1443—1502),号稼轩。子五:绪、绍、缨、纥、纶。

第二十一世钱缨(?—?),字宗清,号志涤。子八:来凤、来鹤、来鸿、来鸰、来鸠、来凰、来鹊、来鹛。

第二十二世钱来凰(?—?),字鸣冈,号心梅,称心梅公。子二:师尧、师舜。

第二十三世钱师尧(?—?),字仁夫,号海岳。子四:辅家、辅邦、辅君、辅廷。

第二十四世钱辅家(?—?),字养心,子五:有道、有恒、有本、有裕、有业。

第二十五世钱有恒(?—?),字仲元。子四:如玉、如宝、如璋、如琳。

第二十六世钱如璋(?—?),字惠甫。子二:世昌、世德。

第二十七世钱世德(1683—1766),字兰生。子五:潘、渊、汶、溥、澈。

第二十八世钱溥(1722—1806),字思洪,号亦轩,太学生。乡饮介宾,例授修职郎。子四:邵霖、奉梧、国柱、兆荣。

第二十九世钱邵霖(1761—1846),字雨三,号喜亭,附贡生。清道光辛丑时年八十,玄孙同高生,至是一堂五世。众宾咸贺。词呈请当道详咨具题,奉旨赏给银缎,准予七叶衍祥匾额,也因此称"五世同堂堂主"。子二:焉、惠。

第三十世钱焉(1785—1849),字奕焉,号静庵,国学生。候选布政使经历。例授儒林郎。子四:士春、士晳、士昌、士曜。

第三十一世钱士晳(1810—?),字步曾,号绣屏,国学生,称绣屏公。子七:珏、锟、鈫、镜、镇、鋗、錡。

第三十二世钱珏(1832—1868),原名钰,字荫楼,号鞠如,称鞠如公,邑庠生。子二:承浚、承沛。

第三十三世钱承沛(1866—1906),字汉章,号季臣,邑庠生。子五:恩第(即钱挚)、穆、三子早夭、艺、文。

第三十四世钱挚(1889—1928),原名恩第,字声一。子一:伟长。

第三十五世钱伟长(1913—2010)。子一:元凯。

钱伟长世系表

吴越武肃王钱镠(第一世)——吴越文穆王钱元瓘(第二世)——吴越忠献王钱宏佐(第三世)——钱昱(第四世)——钱杭(第五世)——钱进(第六世,为迁锡湖头支始祖)——钱僅(第七世)——钱皋(第八世)——钱梓(第九世)——钱宗起(第十世)——钱成大(第十一世)——钱志宁(第十二世)——钱裕(第十三世)——钱文焯(第十四世)——钱士元(第十五世)——钱恒(第十六世,即文林公)——钱发(第十七世,即梅堂公)——钱正德(第十八世,即惟义公)——钱洪(第十九世)——钱枢(第二十世)——钱缨(第二十一世)——钱来凤(第二十二世,即心梅公)——钱师尧(第二十三世)——钱辅家(第二十四世)——钱有恒(第二十五世)——钱如璋(第二十六世)——钱世德(第二十七世)——钱溥(第二十八世)——钱邵霖(第二十九世,即五世同堂堂主)——钱寯(第三十世)——钱士晳(第三十一世)——钱珏(第三十二世)——钱承沛(第三十三世)——钱挚

(第三十四世)——钱伟长(第三十五世)。

关于七房桥来历的讹传

钱穆在《八十忆双亲》"七房桥"一则中说,要溯"七房桥"原始,应当从他的第十八世祖说起。至于"十八世祖"的名讳,钱穆并不明了,只称"某公"。钱穆还说,后来,这位被钱穆称为"十八世祖"的"某公",就生下了七个儿子。

钱穆所称的"十八世祖某公",按钱氏宗谱湖头支所载,即钱氏第十八世钱正德。钱正德字惟义,号阅耕,称惟义公。生于1402年,卒于1466年,享年64岁。其间经历了明永乐、洪熙、宣德、正统、景泰、天顺、成化七朝。钱正德于永乐癸卯年(1423)21岁时生下长子钱洪后,到正统辛酉年(1441)39岁时生下钱濡,先后生有七子,即钱洪、钱津、钱溥、钱渊、钱濂、钱瀓、钱濡。后来,这位被钱穆称为"十八世祖"的"某公"花了十年的时间,在啸傲泾北岸离岸约15米的地方修建了七所在那时是非常豪华的宅院。这就是七房桥的由来,也是钱氏家族在七房桥的起源。

关于钱伟长故里七房桥由来的大致时期,通过《钱氏家谱》再参照钱穆所记,基本可以确定为明朝中期。这要归功于《钱氏宗谱》的历代编撰者孜孜矻矻,勤搜细编,才有了钱氏世系比较准确的记载。在目前的出版物中,包括一些学者所记,关于七房桥的来历还是有误舛之处。其滥觞恐出自美国学者邓尔麟(Jerry Dennerline)。1983年,邓尔麟在学者余英时的帮助联系下,到我国台湾访问了钱穆,并于1985年和1986年先后两次到无锡七房桥实地调查,写成《钱穆与七房桥世界》一书。在这本书中,邓尔麟称:"当初有一位外来户叫钱心梅。他来到七房桥并发了迹,死后葬于七房桥东北部,只有七房桥钱氏家族认他为老祖宗。在鸿声里祠堂编印的钱氏宗谱标明心梅公是第一任吴越王的第二十二代孙。可是与王族有血缘之亲却没有实际意义,因为在整个吴语区的钱氏人氏通通都是吴越王的后裔。重要的是在钱氏祖父祠堂牌位里心梅公在九个族兄中被排列到第七位。心梅公的生卒年月无人知晓。但人们却都清楚他是在16世纪后期明朝'一条鞭法'之后在该地定居的,并给他自己家族定位第七房。"① 邓尔麟所记不知本于何处,他于1980年就读过钱穆的《八十忆双亲》,并且当面访问过钱穆,还两次到无锡七房桥实地考察,可是他关于七房桥的来历,却和钱穆所记也大相径庭,尤其是他说心梅公"是在16世纪后期明朝'一条鞭法'之后在该地定居的,并给他自己家族定位第七房"之说,不惟说法不准确,还将七房桥形成的时间往后延宕了100多年。明代"一条鞭法"的提出是嘉靖九年(1530),张居正将其推广到全国则是在万历九年(1581),这时距离惟义公钱正德去世已经有115年了。

由于邓尔麟的《钱穆与七房桥世界》中文译本1998年正式出版,所以后来出版的研究性著作在写到七房桥形成的时间和经过时,大多沿用了邓尔麟所说,以讹传讹,更使七房桥来历扑朔迷离。

---

① 邓尔麟著,蓝桦译:《钱穆与七房桥世界》,社会科学文献出版社1998年版,第82页。

第一章 钱伟长的家世

钱伟长故里七房桥

七房桥村入口的广场

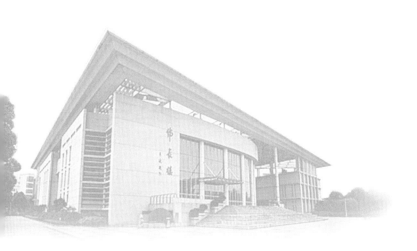

第二章　钱伟长的家庭

第一节　五世同堂——钱伟长祖上的高光时刻

钱伟长祖上,曾有过一个令一般家庭钦羡不已的辉煌阶段,甚至惊动了当时的道光皇帝,这就是七房桥大房五世同堂。

从高祖父绣屏公钱士皆到钱伟长五代

先让我们来了解一下钱伟长祖上的家庭生活。

在钱伟长的家族中,通过文字记载和演讲来介绍家庭生活的,主要是钱伟长和他的四叔钱穆。而正是在他们叔侄两人留下的演讲记录和文字回忆中,我们能够了解钱伟长的家庭生活概貌。

在钱穆、钱伟长留下的关于钱氏家庭生活的记载来看,是从钱伟长的高祖父,也即钱穆的曾祖父绣屏公钱士皆讲起的。虽然钱穆说"先曾祖父绣屏公之事,余已无所知,不妄述"[①],但是从《钱氏宗谱》的记载来看,钱士皆生

---

① 钱穆:《八十忆双亲　师友杂忆》,生活·读书·新知三联书店2021年版,第10页。

钱伟长的父亲钱挚像

于清嘉庆十五年(1810),字步曾,号绣屏,国学生①,称绣屏公。

钱伟长的曾祖父钱珏,钱士皙长子,原名钰,字荫楼,号鞠如,称鞠如公。生于道光十二年(1832),邑庠生②。同治七年(1868)卒,享年仅37岁。

钱伟长的祖父钱承沛,是钱珏的次子,字汉章,号季臣,邑庠生。生于同治五年(1866),卒于光绪三十二年(1906)。

钱伟长的父亲钱挚,是钱承沛的长子。原名恩第,字声一。生于清光绪十五年(1889),卒于1928年10月,享年仅40岁。

钱伟长,乳名增贵。生于1913年10月9日,2010年7月30日逝世。

从钱伟长的高祖父到钱伟长五代,在家庭中具有重要地位的,除高祖父钱士皙、曾祖父钱珏、祖父钱承沛、父亲钱挚等以外,还包括对钱伟长的成长产生重要影响的四叔钱穆、六叔钱艺、八叔钱文③以及祖母蔡氏、母亲王氏等。

---

① 在清代,国学生又称国子生,也指在国子监肄业的学生,但一般为官员子弟。学生多由省、府、州、县学生员中选拔,亦有由捐纳而得者,入监就学者有贡生、监生之分,然通谓之国子监生。
② 邑指本地行政区划,邑庠即本县县学。清时在县学考取的叫"邑庠生",在府学考取的叫"郡庠生",统称为"秀才"。
③ 钱伟长祖父的儿子和伯祖父的儿子在家中联合排行。钱伟长的父亲钱挚年最长,钱穆行四,为四叔,钱艺行六,为六叔,钱文行八,为八叔。

七房桥建筑的规制

钱穆、钱伟长都出生在七房桥,从小都生活于七房桥,也都留下文字描绘过七房桥的建筑规制。七房桥在啸傲泾北岸,整个建筑群,鳞次栉比,气势宏伟。在村两端各造一桥,东为垂庆桥,西为七房桥。桥依宅名,村以桥名。在钱穆笔下,七房桥"七房骈连,皆沿啸傲泾,东西一线,宅第皆极壮大"[1]。七房桥除此七墙门之外,无农户,也没有商店。

根据钱穆和钱伟长的记述,七房桥建筑的规制大体是这样的:

从外表来看,七房桥堪称豪宅,是一个独立的建筑群。但内部却又各自独立。七房桥一共是七所宅院,每一所宅院称一墙门。每一墙门都是前后七进,每一进又都是七开间。中为厅堂,左右各三间,供居住。又每进间,东西两偏有厢房,亦供居住。

在宅院的两侧有东西两条长弄,皆称弄堂,也称陪弄。长房七家由东陪弄出入,次房五家由西陪弄出入。中间大门非遇事不开。平日人们不走正门,由东西陪弄出入。

两个宅院之间有一条共用的排水沟,排水沟上有石板块。两个相邻宅院之间,亦即陪弄之间有三个通道。每个宅院都有一个后花园。把每个宅院分给一个儿子和他的子孙住,所以每个宅院称为一房。

---

[1] 钱穆:《八十忆双亲 师友杂忆》,生活·读书·新知三联书店2021年,第5页。

钱伟长的曾祖父鞠如公钱珏,为东弄堂七房之长,所居之房宅称之为"五世同堂",其大门悬有"五世同堂"匾额。

第二进大厅为"鸿议堂",也是七房各宅中最大的一个厅。鸿议堂原名"宏远堂"。1863年,李鸿章率领的淮军和太平军李秀成部在苏南对峙,曾驻节于此。李鸿章的弟弟李鹤章奉李鸿章之命,曾在此召集当地官绅共同商讨作战和防守事宜。战后,李鸿章应邀欣然题写"鸿议堂"堂厅匾额,意蕴"鸿议国事",并署"少荃"①。自此"宏远堂"更名为"鸿议堂"。

第三进名"素书堂"。素书堂原堂名匾额上的字因

七房桥鸿议堂（由李鸿章题写匾额）

---

① 少荃为李鸿章号。

年久剥落,钱伟长烈祖父喜亭公钱邵霖以"素书堂"之名集字修复,取"素位而行,安贫读书"之意。素书堂是宅中儿辈读书之处,藏书甚丰,钱穆和钱伟长都曾在这里读书。钱穆晚年号素书老人、七房桥人。迁居台湾后将寓所台北外双溪屋命名曰"素书楼",借此缅怀故乡,思念先母。

其余四进厅堂因相对较小,故没有厅名。然而后四进也像前三进一样,都是七间和左右厢房。厢房内有很好的厨房和餐厅,每十天由小辈陪长辈在此进餐。第六进是老辈居住和起居用之地。第七进是客房,一般亲戚来访,都在这里休息。还有几间,是仆人的住房。

七房桥的房屋分配很特别,从东向西,第一座给了二房,钱伟长幼年时称之为婶房;第二座给了大房,老祖宗住在大房的第六进;其次是七房、六房、五房和三房,而四房则在最西端。为什么要这样分配,钱伟长曾问过父

七房桥素书堂

亲钱挚和四叔钱穆，他们没有想到钱伟长小小年纪会提出这样一个怪问题。原来七房桥的七个儿子，并不是一个母亲生的，前四人是原配生的，后三人是继母生的。继母和老祖宗当然住最大房里，但七儿子、六儿子、五儿子还没有成亲，虽然分了宅院，但都由奴仆管理，老祖宗不放心，所以把七房、六房和五房的宅院放在中间，而大房、二房、三房、四房分在两侧。钱伟长听了父亲和四叔的介绍，才明白七房桥大家族这样的分配方案，确实是合情合理的。

在七房桥西端约100米处，还有三所宅院称为老大房、老二房和老三房，是明洪武年间（1368—1398）的老宅院。这是修建七房桥以前的钱家宅院，由修建七所宅院的老祖宗的叔伯兄弟后代住的，也是钱氏家族，但已是极远的远房。

五世同堂

在七房桥建筑群中，"五世同堂"既是钱伟长一族所居的宅名，又是高悬于宅院大门之上的匾名。其来历，源于钱伟长烈祖父喜亭公钱邵霖一家遇到的一件大喜事。

清道光二十年（1840）四月二十日，钱邵霖的曾孙，即钱镠第三十二世裔孙钱钧生下儿子，这样就形成了七房桥钱伟长的烈祖父喜亭公钱邵霖、天祖父静庵公钱寯、高祖父绣屏公钱士晢、曾祖父辈钱钧和钱珏，加上刚呱呱坠地的新生儿同在一起的五代同堂。当时钱邵霖正81岁，妻子王氏也83岁，夫妇"齐眉"，且玄孙又与钱邵霖同月同日同时生，故起名为"同高"。"亲见七代，五世同堂"，这对于一个合族而居的大家庭来说，的确是不

第二章 钱伟长的家庭

常见的吉祥大喜。当时,七房桥一带还是属于金匮县管辖的,钱邵霖内侄、曾担任过四川平武县知县的乡绅华廷标等人,就通过金匮县知事董用威,将此事逐级上奏朝廷,称其为"圣朝人瑞,宜邀旷典褒荣"。道光二十一年(1841),道光皇帝特赐"七叶衍祥"立匾,又赏银十两、宫缎一匹,地方官令工匠精雕细刻,制匾悬挂于钱家"五世同堂"墙门上方。对此,据新修《钱氏宗谱》卷二十一《钱氏文林公支宗谱·惟义公分·七房桥》"钱邵霖条"的记载,钱邵霖玄孙钱同高出生以后,"至是一堂五世,重宾咸贺,词呈请当道详咨具题,奉旨赏给银缎,准予'七叶衍祥'匾额"。这就是说,经过当地官绅奏请,道光皇帝不但赏赐银两绸缎,还批准颁发"七叶衍祥"立匾。"七叶衍祥"是清王朝对于民间家庭人丁兴旺、和睦相处的一种奖赏,源于清高宗乾隆皇帝提倡敬老。乾隆曾下旨,各地如有上见祖、父,下见曾孙、玄孙者,可具结呈报,经核实

钱穆钱伟长故居正门和正厅悬有"七叶衍祥"立匾和"五世同堂"匾额

31

后给予奖赏。"七叶衍祥"是祝贺枝叶繁茂、家和吉祥之意，是清代民间的家庭获得朝廷最高奖赏的标志，也是中华民族敬老尊贤传统美德的一个见证。

为了庆祝"五代同堂"和皇帝御赐金匾，钱氏家里大摆宴席，热闹了前后约十天，花去的银子如流水一般。钱伟长的烈祖父喜亭公钱邵霖被称为"五世同堂堂主"。钱伟长在幼年时，还看到这块给七房桥带来极大荣耀的御赐"五世同堂"金匾。现在位于七房桥村的钱穆钱伟长故居中，还分悬有"五世同堂"匾额和"七叶衍祥"立匾。

第二节 "五世同堂"走向衰败

五世同堂,是七房桥钱氏最盛时期,可以说是花团锦簇、人丁兴旺。然而好景不长,很快,这个大家族就走向衰败。这衰败之路,是从七房桥的贫富分化开始的。

七房桥的贫富分化

七房桥有钱氏七房,但七房中人丁衰旺多寡却并不一样,有的人丁兴旺,如大房,因人丁最兴旺,故有"五世同堂"之盛遇;有的则每一代子孙不多。在田亩分配方面,起初是平均分配,每房各得良田1万亩以上。到后来,随着各房家庭人丁的变化,拥有的土地和财富也相应发生变化,即家庭人口越多、土地分得越少;家庭人口不旺者,土地则越积越多。这样经过几代传替,家族人丁兴旺的家庭在经济生活上逐渐走向衰败,而人丁不旺的家庭土地则越积越多,得长保其富。这样,七房之间,贫富差距日以悬殊。而曾经风光无限的大房,也就是钱伟长祖上这一支,由于人丁最旺,逐渐露出衰败之迹象。钱穆在回忆中说:"余之六世祖以下,至余之伯父辈乃得五世同堂。余之曾祖父兄弟两人，长房七子，次房五子，又分十二房。故余祖父辈共十二人。……其后每家又各生子女，先祖父鞠如公为东弄堂七房之长，即生四女两男共六人。故余有四姑母、一伯父，先父最小为一家之幼。其他家以此为推，故五世同堂各家，分得住屋甚少，田亩亦寡。自余幼时，一家有田百亩二百亩者称富有，余只数十亩。而余先伯父及先父，皆已不名一尺之地，沦为赤贫。老七房中有三房，其中两房，至余幼年皆单传，一房仅两兄弟，各拥田数千亩至万亩。其他三房，则亦贫如五世同堂。"①

各房之间的贫富日渐悬殊，必然导致七房桥各房地位的变化。正如钱穆所说："贫富既分，一切情形亦相悬隔。老七房中之三房富者，轮为乡间绅士。上通官府，下管附近乡里赋税差役等事。有他事争执，亦至绅士家裁判，可免进城涉讼。七房桥阖族中事，亦渐归三房轮为绅士者主持决夺。余四房避不参预。"②七房桥原本是一个和睦友爱大家族，由于经济地位悬殊变化，诸房之间的感情日渐隔阂，也成必然。

大家庭的衰落

七房桥原本是个大家族，在其最盛之时，自有大家庭的礼法。然而，随着各房之间贫富差距的变化，这个曾经烈火烹油一般的大家庭，逐渐走向衰落。这种衰落，表现

---

① 钱穆：《八十忆双亲　师友杂忆》，生活·读书·新知三联书店2021年版，第6—7页。
② 钱穆：《八十忆双亲　师友杂忆》，生活·读书·新知三联书店2021年版，第6—7页。

第二章 钱伟长的家庭

在各个方面:

一是不重视子弟教育。忠厚传家久,诗书继世长。督促子弟读书力学,是一个家庭子女教育的重要方面。但在七房桥,在钱穆年幼之时,一族之中诸兄长以及伯祖父辈,虽还能读"四书",但能读《诗经》《左传》者,已经如凤毛麟角,而没有一个人能通"五经"。老三房的各家,按经济实力,完全能够延请名师来教育培养孩子,但这几房已经溺情安富,不求上进,只图眼前享乐,不重视对子弟的教育。而少数贫苦者,更无心子弟学业,为了生计,或出门经商,或为伙计,或开小店铺,获得温饱即止。为此,科第功名,竟与七房桥全族无缘。

二是家庭礼法荡然无存。七房桥作为大家族,曾经家规礼法森然。到了衰败之时,从外部看大家庭规模尚存,其实整个家族内部已经分崩离析,大家庭之礼法,荡然不见。内部偷盗抢掠之事,时有发生。就钱穆、钱伟长从小生活的五世同堂这一门墙而言,第一进大门有"五世同堂"匾额,第二进为鸿议堂,第三进为素书堂。但在家族中竟发生了有人私自来到宅中、登屋上房、大行破坏拆除之事。五世同堂偌大一个门墙,除了素书堂及堂匾还幸保留以外,其余尽遭蹂躏强拆,而拆下的砖瓦木石,又尽以出卖。鸿议堂本有楠木长窗二十四扇,其上精雕《西厢记》故事,也为宅中人盗卖。堂中的长案大桌和矮几椅座等,也都不保,被盗卖一空。对此等骇人听闻之事,家中长辈竟无力劝阻,只得听之任之。素书堂西偏处,因被拆去部分而称为塌屋基,后来再也无力重建、恢复原貌。五世同堂内西弄堂有一户,家中富有,疏于对孩子教育管教。儿子不思上进,常犯规越矩、多行不法之事。家族中祖父叔伯兄长前辈,虽对他屡加教斥,但这个孩子不听不改,后被关押到县里的大狱,最后瘐毙狱中,对此,钱穆晚年曾感叹:"仅五世同堂一宅之内,其分崩离析,家法荡然已如此。"①

三是游手好闲,不事生产。苏南地区,向称鱼米之乡,俗话说"人勤地不懒",只要用心耕耘,专事生产,保一家小康还是有望的。然而,七房桥的大多数人,则依赖数十亩、一两百亩田租,尽情游荡而不事生产。离七房桥西一华里左右,有一小市名鸿声里,也是由钱姓聚族而居者占大多数。每日晨旭方升,七房桥三十岁左右以上之人,无分辈分,结对赴市上喝茶吃面,直至中午才开始返回。也有连中午都不回去,流连至晚上才回。还有人回家吃了午饭继续到鸿声里盘桓,喝茶说笑,轻掷光阴。而在家则或养黄雀,或养蟋蟀,春秋两节相聚决斗为娱乐。还有从远方前来参加者,也有从七房桥分赴远方去斗鸟斗蟋蟀者。在老四房中,钱穆有一伯父,在阁楼上藏有蟋蟀盆多达五六百个以上。钱家子弟,除热衷于斗鸟斗蟋蟀以外,每到冬春之交,以放风筝为乐。风筝形状各异,大小不等。还专门花钱雇佣工在家,所制作的大风筝,有的要八人共抬,方可慢慢移至田野间。风筝上还装有弦哨,一飞到天空中呼啸声四起。到了夜晚,则结挂灯笼,大风筝可悬灯笼二十以上,光耀数里外。当时七房桥四围各个村落,都因此而皆称羡七房桥。七房桥族人无论老幼,也以此沾沾自喜。钱穆在回忆中说:"大家庭之堕落,逮余

---

① 钱穆:《八十忆双亲 师友杂忆》,生活·读书·新知三联书店2021年,第8页。

幼年,亦以达于顶巅。"①

钱伟长一家从五世同堂鼎盛期堕入贫困

在七房桥这个钱氏大族中,五世同堂大庆是钱伟长这一支脉最兴盛的时期,但好景不长,不到一年,五世中的老祖宗钱邵霖去世,最晚辈的婴儿钱同夭折,五世只剩下三世。接着钱伟长的曾祖父钱玨一连生了两个儿子钱承浚、钱承沛。钱承沛即钱伟长的祖父。

七房桥各房之间出现贫富两极分化以后,钱伟长这一房,人口众多,得地却少,生活日渐贫困。后来,钱伟长的曾祖父、祖父先后去世,家里已经没有产业可分,钱伟长的父亲、叔父和母亲、四婶及钱伟长和妹妹、弟弟全家就住在五世同堂的素书堂东侧六间房屋内。当时,钱伟长的父亲钱挚、四叔钱穆都在小学任教,六叔、八叔还在小学读书。家庭收入除了钱伟长的父亲与四叔的薪水外,主要是钱伟长的母亲、四婶和祖母的一年一度的春蚕,她们租了十亩桑田,平时在桑田里种一些油菜和大豆等作物,每天用家里粪便加些河水浇灌,既肥了蔬菜,又肥了桑树。一次春蚕,可以收入二三十元。因为家里没有劳力,不养秋蚕,但把桑叶卖给养秋蚕的农户,每年也能有一二十元的收入,一年的家用就是依靠这些收入过的。钱挚和钱穆在学校的薪水,每月也才七八元,除了在校伙食费外,大概还剩五六元,都用来供两位弟弟钱艺和钱文上中学。

---

① 钱穆:《八十忆双亲 师友杂忆》,生活·读书·新知三联书店2021年,第9页。

对于家里陷入贫困,钱伟长曾在回忆中多次提及。贫困到什么程度,钱伟长说:"我是一个农村里头没有一片瓦、没有一块地的一个小学教师的儿子。我父亲是个小学教师,只念过中学,没有进过大学,我还有三个叔父也是如此,我家里实在太穷,为什么要去念到中学毕业呢?那个时候在辛亥革命时期,中学毕业也不是太简单的,那是因为我祖父是农村的老法教师,他觉得他的儿子就得念书,可是穷得一塌糊涂,穷得连大褂也是几个人合穿的,我就是在这样一个环境里生长的。"①

"祖父和父叔都是贫穷的乡村教师。他们以微薄的薪资负荷着家庭重担,上奉老母,下养妻儿幼弟。我幼年就深知生活贫困的艰辛,在进大学前从来没有穿过一件新衣服,穿的都是叔父们小时候穿旧了的并经过母亲改裁以后的旧衣,腰部都是折叠着缝起来的,随着年龄逐步放长,时间长了别处都褪了色,腰部就像围了一条深色腰带。布鞋布袜都要补了又补,有时补到五六层之多,穿起来很不舒服,夏天干脆赤脚。"②

---

① 钱伟长:《学习之路》,《钱伟长文集(上卷)》,上海大学出版社2013年版,第701页。
② 钱伟长:《八十自述》,《钱伟长文集(下卷)》,上海大学出版社2013年版,第968页。

第三节　告别祖屋七房桥，迁居荡口镇

钱伟长一家，在太平天国运动时，曾避难举家逃到荡口镇。几年后太平天国运动结束，又迁回七房桥。然而，一场大火，逼迫着钱家再次迁到荡口镇，不得不告别七房桥祖屋。

荡口华氏

荡口镇位于无锡东隅，地处无锡、苏州、常熟三地交界。荡口由于地处鹅湖之西，是鹅真荡的口岸，故名"荡口"。荡口镇古时又名"丁舍"，是二十四孝中东汉孝子丁兰故里。荡口那时是苏、锡间的河网地区的大镇，居民约万人，有许多人姓华。《梅里志》卷二称荡口镇有湾泾河支流"于新桥之西北，行经荡口镇，绕出东沙泾水月庵之东，而入于鹅湖。自福华桥以东，东沙泾以西，夹岸居民千有余家，华氏居十之七八，世称荡口华氏，为巨族也"[1]。荡口

---

[1] 无锡市史志办公室、无锡太湖文史编纂中心合编：《梅里志　泰伯梅里志》，中国文史出版社2005年版，第73页。

镇距七房桥不过十几里路,七房桥钱氏和荡口华氏有说不清的姻亲关系。根据《钱氏宗谱》记载,钱伟长祖上,钱镠第十九世裔孙梅林公钱洪"配华氏";第二十四世钱辅家、第二十五世钱有恒、第二十六世钱如璋俱"配华氏";第二十八世钱溥原配浦氏,继配华氏;第三十世钱寯"配华氏"。所以,七房桥钱氏和荡口华氏之间保持着亲戚往来。钱伟长一家从曾祖钱珏开始,家道中落,多次得到荡口华氏的帮助。后几次从七房桥迁居荡口,有的是因为躲避兵祸,有的是因为家里遭灾,每一次都得到荡口华氏的帮助。

太平天国运动时期,太平军占领了南京和苏州等江南地区,江阴、无锡是曾国藩的江南大营所在地。苏州的太平天国部队和曾国藩的南大营就在梁溪隔河对垒。七房桥都一时成为李鸿章领导的淮军驻节之地。当时,钱伟长的曾祖父钱珏就率一家老小逃到荡口镇避难,住在亲戚华幼帆家的空余宅院内,直到太平天国运动结束以后才从荡口回到七房桥。

1902年,钱伟长祖父钱承沛从荡口请来一位华姓塾师,为钱伟长父亲钱挚、四叔钱穆开蒙。这一年的年底,这位塾师因病不能继续执教,钱承沛又到荡口克复堂东请来一位华姓老师为两个儿子上课。这期间,七房桥老宅不幸失火,钱承沛举家迁居荡口,租居于克复堂西边。不久,塾师因病停塾,钱家又迁居至荡口大场上北面一座三开间二层向北小楼,清光绪三十年(1904),华鸿模创办果育学堂,钱承沛让钱挚和钱穆一起考进这所新式学堂,钱挚进入高级小学一年级,钱穆则进入初级小学一年级。光绪三十二年(1906),钱承沛去世,料理好丧事以后,钱家又搬回钱房桥老宅。

告别祖宅七房桥，正式迁居荡口镇

大约在钱伟长四五岁时，钱家又发生了重大灾祸，使家庭蒙受了一次巨大的打击。

当时，钱伟长的父亲钱挚和四叔钱穆都已成家，钱挚在梅村第四小学任教，钱穆在荡口果育小学教书。住在七房桥五世同堂老屋的有钱伟长的祖母、父亲、四叔、六叔和八叔，还有钱伟长的母亲、四婶和钱伟长自己。由于家中疏于管理，素书堂突然失火，钱伟长一家六间房烧得只剩他母亲住的在第三进上东头的一间房。第四进一排七间房还有东厢房全部烧光。所幸素书堂的大部分藏书和钱穆妻子的大部分嫁妆被抢救出来，而钱伟长祖母的许多箱子和杂物完全烧光。

当时，钱伟长正熟睡着，在梦中被住在西厢房的堂房伯母抢救到她的床上，但钱伟长居然还沉睡不醒。一直到大火延烧到西邻时，大人们才从床上发现还有一个熟睡的小孩，赶紧把他抱到另一邻家中，才救了钱伟长一命。这次火灾使钱伟长全家失去了继续在七房桥居住下去的基本条件。钱伟长父亲和四叔闻讯后急忙从梅村赶回家中，共同研究怎样处理后事。按钱穆的意见，哥哥钱挚在梅村当老师，可以迁居到梅村。但大家又觉得梅村只是一个较小的中等城镇，恐怕找房子并不那么容易。更何况人地生疏，生活不便。而四叔钱穆已是荡口果育小学的老师，加之以前钱伟长的祖父钱承沛一家已经在荡口住过十年，情况熟悉，况且还有荡口华氏的华倩叔、华澄波、华幼帆等老朋友和老亲戚的帮忙，一定能找到合适的房子。因此全家作出决定，迁居到荡口镇去。为此，钱穆连夜赶回了荡口，在学生的帮助下，很快在荡口镇南边找到了一个合适的宅院复盛墙门。这样，钱伟长一家便迁居到荡口镇，正式告别了七房桥祖宅。除了钱伟长的父亲钱挚因为族内事务，还要利用寒暑假回七房桥以外，钱伟长的四叔钱穆和六叔钱艺、八叔钱文等都不再到七房桥了。

无锡荡口镇钱穆旧居

无锡荡口镇钱伟长旧居

怀海义庄

讲到钱伟长的家庭,不能不讲怀海义庄。

义庄是中国传统社会族中人所设置的一个专为赡济族人的田庄,始于北宋。《宋史·范仲淹传》:"置义庄里中,以赡族人。"范仲淹是北宋时期杰出的政治家、文学家,祖籍邠州(今陕西郴州),后移居苏州吴县(今属江苏苏州)。他在苏州用自己的俸禄创建范氏义庄,在庄中置田产,收地租,用以赡济族人,固宗族。清代冯桂芬在《复宗法议》中称"惟宋范文正创为义庄,今世踵行,列于旌典",对范仲淹创立的"范氏义庄"给予了高度评价。

2016年9月,钱伟长旧居被列为无锡市文物保护单位

范仲淹创立的"范氏义庄"对后代产生了重要影响,七房桥的"怀海义庄"就是步"范氏义庄"而建立的一个田庄。怀海义庄坐落在七房桥建筑群最东边,占地面积约450平方米。原本是族中大集会之地,后因族内出现贫富两极分化,且灾情频仍,族内有识之士为了救灾赒急,恤孤救贫,排难解纷,兴学育才,就倡议并实施建立了怀海义庄。钱穆在《八十忆双亲》中有专章介绍怀海义庄,称:"七房桥阖族,有义庄三所。唯怀海义庄最先最大,乃由老大房五世同堂祖先所创立。"① 钱伟长祖父钱承沛,曾

---

① 钱穆:《八十忆双亲 师友杂忆》,生活·读书·新知三联书店2021年版,第14页。

经为怀海义庄更好地发挥救灾赒急、恤孤救贫作用而与怀海义庄的管理者对簿公堂,最终赢得官司。

钱承沛去世以后,族人力劝其妻蔡氏接受怀海义庄的救济,使钱伟长的祖母和年幼的父亲、叔父们渡过生活上的难关。钱伟长父亲钱挚、四叔钱穆,包括钱伟长自己,都因家贫得到义庄资助得以上学。

七房桥怀海义庄

2016年9月,怀海义庄被列为无锡市文物保护单位

1908年，钱伟长的父亲钱挚从师范毕业，回到家乡。一方面为了养家糊口，挑起家庭重担；另一方面，也为了为桑梓子弟的教育出力，主动放弃继续深造的机会。钱挚回到七房桥后，决定兴办义学。由七房桥钱氏怀海义庄、清芬堂义庄和宏远堂义庄各捐地五十亩，数家富户捐地五十亩及纹银二十两，在又新堂建又新小学。后因又新堂毁于火灾，又迁往怀海义庄。凡族内学子入学学费全免，外姓则酌减。这所小学造福乡里，兴盛一时。钱伟长父亲钱挚既是又新小学的创建者，也是第一任校长。

钱穆、钱伟长故居纪念馆

钱挚创建的又新小学

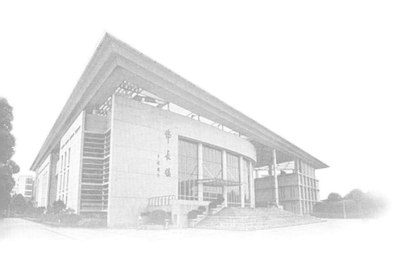

第三章　钱伟长的家教

第一节　伦理道德和人品的教育

中华民族在家庭教育方面,有一个极好的传统,就是重视对孩子伦理道德和人品的教育。《左传·隐公三年》"石碏谏宠州吁"中说"爱子,教之以义方"。"义方"者,正道也,即今天我们讲的良好的道德品德教育。在钱氏钱伟长这一支,不管是在五世同堂的全盛时期,还是在七房桥钱氏大家族出现贫富分化、逐渐坠入贫穷困顿以后,都能"教子以义方",从没有放松对子女的品德教育。

民族气节和爱国的教育与影响

钱伟长的烈祖父,即五世同堂堂主喜亭公钱邵霖,居家教子弟以孝悌忠信为本。到了钱伟长祖父这一代,家境虽然大不如前,甚至沦为贫寒,但祖父钱承沛不因家庭经济困顿而堕志。他在念私塾时,曾作有《岳武穆班师赋》一篇。这篇赋以十年之功废于一旦为韵,热情赞颂了岳飞大败金兵的辉煌战功和抗击侵略的爱国情操。钱伟长祖父的这篇习作,对孩子的思想产生了极大影响。钱穆说他非常喜欢父亲的这篇赋,曾反复诵读,并说:"余自幼即知民族观念,又特重忠义,盖渊源于此。"①

1928年,钱伟长考进苏州中学的高中。开学时,父亲钱挚带病为他送行并谆谆嘱咐说:"苏州中学是江南名校,这次能考取入学是很不容易的,家庭再困难也要供你读书,学校里有许多优秀教师,一定要勤恳努力学习,做有知识、有教养、对国家有用的人。这次考试虽名列'孙山',但只要有志气后来可以居上嘛,任何人的成就都是经过艰苦奋斗才得到的。"②钱伟长没有料到父亲的这些嘱咐竟是遗愿,这次送别成为永诀。这年10月,钱伟长的父亲就因病不治而辞世。父亲送钱伟长到苏州中学上学的路程虽然短暂,但父亲的这番话,尤其是"一定要勤恳努力学习,

苏州中学校门

---

① 钱穆:《八十忆双亲 师友杂忆》,生活·读书·新知三联书店2021年版,第13页。
② 周文斌、孔祥瑛:《钱伟长传略》,《钱伟长文集(下卷)》,上海大学出版社2013年版,第1464页。

做有知识、有教养、对国家有用的人"的殷殷嘱咐,深刻影响了钱伟长的一生。钱伟长后来成为我国科学界巨擘、成为一个伟大的爱国主义者,不能不说父亲的教育嘱咐在其中起到了巨大的作用。

在爱国主义方面,钱伟长受到祖父辈的教育。在家庭教育的文化传承方面,钱伟长同样以此来教育自己的孩子。2010年11月8日,在钱伟长逝世百日之际,中国民主同盟中央委员会举办追思会,钱伟长的儿子钱元凯在会上表示,钱家人会像父亲一样,"只要对国家有好处,我们就去做"①。

钱伟长书写的条幅

面折庭训　借"桥"诫"骄"

钱伟长的四叔钱穆,自幼聪慧异常,熟读《三国演义》等中国古典文学名著,甚至能将《三国演义》最精彩的部分背诵出来。在钱穆9岁时,有一次去看望父亲钱承沛。钱承沛身旁的一些人久知钱穆小小年纪能背《三国演义》,就极力撺掇钱穆当众背诵,并点题要钱穆背诵"诸葛亮舌战群儒"一节。钱穆毫不羞涩,当即背诵起来。其间还兴致勃勃地一人兼饰诸葛亮和张昭诸儒。一会站在这边,为诸葛亮;一会又站在另一边,为东吴群儒。将"诸葛亮舌战群儒"完整地背诵兼表演一遍。听完钱穆的当场背诵,在座客人都竞向钱穆父亲夸赞钱穆小小年纪竟

---

① 中新社北京11月8日电:《只要对国家有好处,我们就去做——钱元凯百日追思父亲钱伟长》。

然如此聪明有才。当时钱穆父亲听了不置一词。到了第二天傍晚,钱穆随父亲行走在外,途经一桥时,父亲问钱穆:"认识不认识这个'桥'字?"钱穆回答说:"认识的。"父亲又继续问:"'桥'字是什么偏旁?"钱穆答道:"是木字旁。"父亲又问:"如果将木字旁改换成马字旁,这个字你认识吗?"钱穆回答说:"认识啊,是个'骄'字。"父亲又追问:"'骄'字的意思知道吗?"钱穆回答道:"知道。"听完儿子回答,父亲就挽住钱穆的手臂,轻声问道:"你昨天晚上的表现有近似这个'骄'字吗?"父亲的这一问,对钱穆来说,不啻五雷轰顶,马上低头不语,他明白了父亲这番话的用意,心里完全接受父亲的批评和告诫。后来再到父亲所在的公共场合,又有客人要钱穆背诵"诸葛亮骂死王朗"一节,但钱穆任凭客人力邀,都不再当众背诵了[①]。钱穆作为国学大家,一生保持谦逊好学的品德,与其父亲的这番庭训面折是分不开的。

把为人诚信看得比什么都重要

钱伟长的祖母蔡氏,虽然没有什么文化,但对孩子的品德教育影响很大。钱伟长祖父钱承沛在世时,到镇上各个店铺购买货物,按习惯和常例,都不用付现款,而是等到年终一次性结算,这也是因钱承沛的人品赢得店家的信任。钱承沛去世以后,上街购买日用品等杂物的事,就由钱伟长的父亲钱挚、四叔钱穆承担。有一天,钱穆奉母亲之命上街购买酱油,临出门,母亲给了钱穆现金,要

---

① 钱穆:《八十忆双亲 师友杂忆》,生活·读书·新知三联书店2021年版,第20—21页。

第三章 钱伟长的家教

他买好酱油即付现款。店铺中的伙计认识钱穆是钱承沛的孩子,于是援旧例不收现款,而是记在账上。钱穆事先接受过母亲嘱咐,坚持要付现金,而店中伙计则坚持不接收并告诉钱穆:"你们家来此购物,按照旧例,不用付现款,记账就可以了,为什么要这么着急付款?"钱穆不得已,只得带着母亲给的钱回到家中。钱穆和哥哥钱挚弟兄到镇上其他店铺购物,也同样碰到这个问题,店铺对他家一律记账而不收现款。店铺这样做,自然是对钱伟长祖父一家人品的信任和尊重。但这样一来,反倒让钱伟长祖母蔡氏感到为难。她曾对钱挚、钱穆说过:"你们父亲在世时,家中本来也不富裕,所以家中日常开销能省则省,但从不拖欠商铺货款。现在你们父亲不在了,家中的经济状况今非昔比。虽然镇上各家商铺允许我们赊账,可是到了年终万一我们家无力付账,对商铺有拖欠,那怎么办?"对此,钱伟长的祖母虽然讲不出更多更深的道理,但她知道,这是自己的丈夫在地方上为人留下的信誉,她再穷也不能坏了做人的信用。

到了每年的除夕,镇上各店铺按往例,开始派人一家一家四出收账。还是按照以往形成的惯例,先赴四乡收账,再到镇上。到了镇上,又区分不同的区域和家庭先后上门结账。在店铺眼里,认为信誉最好的、最可靠的,总是最后才上门。钱伟长祖母一家,由于祖父生前留下来的名声和信誉,商家总是最后一个到。为此,商家来到钱家,每次一定拖到除夕午夜之后,甚至也有第二天黎明才上门的。按当地的风俗和习惯,即使到翌日黎明,商家结账者也必须手提灯笼,以表示除夕未过。钱伟长祖母为了不失信,不拖欠一分钱的账目,严命两个儿子钱挚、钱

53

穆,不管时间有多晚,必须在家亮灯坐等,而绝不闭门拖欠账目。为此,钱挚和钱穆兄弟俩为了等候商家前来结账,往往一个晚上不能上床睡觉。甚至还出现过等了一个通宵商家竟然没上门来,只能过了年才结清隔年陈账的事情。对此,钱伟长祖母说:"我们如果家中有钱,心中稳当,可不用将账目挂记心上;可如果家中没钱,我岂不要老是要将欠账之事放在心上,心里怎得安稳?"[①]

钱伟长的祖母蔡氏不愿欠商铺的账,虽然不是什么大事,但她执意要自己两个儿子坐守家中等待商铺结账这一举动,无疑给了孩子以极大的震撼和教育。在两个儿子眼中,他们的母亲,一个没有多少文化的家庭主妇,却把做人讲诚信、持家讲信誉看得如此重要,这是对他们兄弟俩做人的品德无声而又深刻的教育。钱穆在80岁以后,回想起母亲在除夕夜让自己和哥哥坐等还账之事,仍记忆犹新,并细细地一一写出,实际上表达了对母亲人品的钦佩和赞美,也是对自己和兄长在品德方面受惠于母亲的特殊教育方法的一种怀念和感谢。

[①] 钱穆:《八十忆双亲　师友杂忆》,生活·读书·新知三联书店2021年版,第30页。

第二节　文化知识教育

中国传统社会,文化知识的学习,被分成"小学"和"大学"两个阶段。有的是以孩子束发而冠之年即二十岁而区分,常见的是以十五岁为限。《汉书·食货志》说古之教人,"八岁入小学,学六甲、五方、书计之事,始知室家长幼之节;十五入大学,学先圣礼乐,而知朝廷君臣之礼"。"小学"阶段的学习是以基础文化知识的启蒙教育为主。

钱伟长一家,对于子女文化知识的传授教育一向非常重视。从钱伟长祖上那个时代,"万般皆下品,唯有读书高",孩子读书和科第紧紧联系在一起。钱伟长曾说"我家世代都是读书人"。

曾祖父钱珏的手抄本五经和《史记》圈点本

钱伟长的曾祖父鞠如公钱珏是邑庠生。他长于音韵,曾用上等白宣纸手抄五经一函,字体大小,略如四库全书,而精整还要超过四库全书。首尾俱为正楷,一笔不苟,全书一律。就连墨色浓淡,前后也均衡如一,就像同一天所写的那样。还有,钱珏所抄者,俱为五经正文,即白文,原有注解等均不复抄写。但是这本手抄五经又有音切,都书写在书之眉端。其所下音切,自出机杼,经过斟酌推敲,并不是抄之旧籍。在这本手抄本的后半部,纸上还沾有泪渍,只要稍一辨认即可看见。而往后翻,越到后面,泪渍痕迹就越多。这是因为钱珪当时患有眼疾,每到抄书时眼泪忍不住会滴下,于是在书中留下泪渍。钱珪体弱多病,但却以惊人的毅力将五经抄完。此举完成后不久即辞世,年仅37岁。钱珪的这本五经手抄本,成为钱伟长一家儿孙在学习方面的动力。钱珪的儿子,即钱伟长的祖父钱承沛用黄杨木板穿绵带将这本手抄本精心裹扎起来,并在上亲书"手泽尚存"四字。

钱伟长的父亲钱挚,曾经将这本手抄书中留有祖父钱珪泪渍之处一一指示给弟弟钱穆看,这给兄弟俩在学习方面带来深刻的教育和影响。钱穆晚年遥念祖父钱珪的这本手抄本,说:"余兄弟不能读五经白文,但时时展阅纸上泪痕,把玩想念不已。"①

钱珪又勤治《史记》,家中藏有明代归有光大字木刻本《史记》一部,上有钱珪的五色圈点,并附有批注,充斥于书之眉端行间。这本书的圈点大体皆采自归有光本,而批注略似《史记菁华录》②,全书各篇都有,多采旁书,但在许多地方,自出心裁,有着自己的见解。钱珪的这本《史记》圈点本,同样对钱家子弟在文化知识的教育方面影响很大。钱穆晚年谈到祖父的《史记》圈点本时说"可长人智慧","余自知读书,即爱《史记》,皆由此

---

① 钱穆:《八十忆双亲 师友杂忆》,生活·读书·新知三联书店2021年,第10—11页。
② 《史记菁华录》作者姚祖恩,清康熙时成书。

书启之"①。

祖父钱承沛留下的"窗课"本

钱伟长的祖父钱承沛,自幼有"神童"之称。童蒙之时就在钱伟长的曾祖母,即钱玨的妻子周氏的严格教育和督促之下发愤苦学。当时家中已无书房,在倒塌的屋基后面,即素书堂后进的西边,还有破屋三间。自从素书堂西半边被拆,这里就因为被传说坏了风水,屋主都已改迁他处,所以无人居住。而钱承沛正好以这里为自己的读书处。他不信邪,小小年纪就独处一室苦读,寒暑不辍。夏天的夜晚,苦于蚊多,钱承沛就找来两个酒瓮,将双足纳于瓮中,用这样的土法避蚊叮虫咬,苦读如故。读书用功专心,每天至深夜,有时过了四更天,仍坚持苦读而不回家。虽然家人一再催促他回房休息,但他充耳不闻。第二天早晨家人来询问昨晚催睡之事,他竟然茫然不知是何人所唤。其读书用力之深,可想而知。

钱承沛读书,除了由母亲督教、刻苦自学以外,家中还专为他请了业师。这位业师姓王,住在颛桥,距七房桥南十里开外。钱承沛每隔旬日半月,都要步行到老师处问业。

钱承沛在16岁时就参加县试,以第一名的成绩而为秀才。当时主持考试的官员在发榜以后特地召见了钱承沛和第二名的考生。这位官员当面对钱承沛说:你的文章"文托意高,结体严,可期文学上乘",并说:"汝尚年幼,

---

① 钱穆:《八十忆双亲　师友杂忆》,生活·读书·新知三联书店2021年版,第11页。

而为文老成有秋气"。这是说钱承沛虽然年幼,但写出的文章却老练成熟。正因为如此,这位考官又用略带遗憾的口气对钱承沛说:"汝,然恐不易遇识者。"就是说钱承沛文章虽然写得好,但格调高远,曲高和寡,恐怕不容易被一般人所理解和赏识。[①]钱承沛和父亲钱玨一样,也是体弱多病。后来连续三次在大比之年到南京参加乡试,不料都在考试过程之中病倒而不及终考,无奈退出,从此就绝意功名,于光绪三十二年(1906)因病去世,年仅40岁。

钱承沛逝世以后,留给儿孙的最大财富是窗课两本。所谓窗课,即在私塾读书时的习作。钱承沛遗存的这两本窗课,都是律赋及诗,不见有八股文及其他存稿。当时,钱伟长的父亲钱挚和四叔钱穆,见到父亲的这两份手泽,感念不已。钱穆手捧父亲遗稿,"时时喜诵"[②]。到他八十高龄时,犹记父亲遗稿中的两题:一是《春山如笑赋》,乃一短篇。钱穆说他"特爱其景色描写。由七房桥南望,仅见秦望山一抹。余长而喜诵魏晋以下及于清人之小品骈文,又爱自然山水,殆最先影响于此";另一题是《岳武穆班师赋》,这篇赋以十年之功废于一旦为韵,全篇共分八节,每节末一句,各以此八字押韵,乃为这本集子中最长的一篇。钱穆说:"余尤爱诵。余自幼即知民族观念,又特重忠义,盖渊源于此。至其押韵之巧,出神入化。余此后爱读宋人四六,每尚忆及先父此文。"[③]可见,钱承

[①] 钱穆:《八十忆双亲 师友杂忆》,生活·读书·新知三联书店2021年版,第13页。
[②] 钱穆:《八十忆双亲 师友杂忆》,生活·读书·新知三联书店2021年版,第12页。
[③] 钱穆:《八十忆双亲 师友杂忆》,生活·读书·新知三联书店2021年版,第13页。

沛对子女关于文化知识方面的教育和影响有多大。

钱承沛严格督教钱挚和钱穆

钱伟长的父亲钱挚,从小在文化知识方面受到良好教育。他是由钱伟长的祖父钱承沛开蒙的,钱承沛曾为钱挚详细讲解《国朝先正事略》①等应试书籍。后钱承沛又为钱挚聘了来自荡口的华姓塾师。同塾的还有钱挚的一位堂兄和塾师的儿子。第二年的秋天,钱承沛又把钱挚的弟弟,即钱伟长的四叔钱穆带到塾馆,在塾堂举行了瞻拜至圣先师孔子像的仪式,这样,钱伟长的父亲钱挚和四叔钱穆就在同一塾馆学习。

钱伟长的祖父钱承沛自知自己体弱多病,深恐来日无多,因此,在家中对孩子教督极严。钱承沛每晚要去鸦片馆,晚上家中其他人都先睡,由长子钱挚守候,为父亲开门。钱承沛次子钱穆见哥哥每晚一人独守,也坚持陪同哥哥而不愿早睡。钱承沛每天出门之前,一定会叮嘱儿子钱挚,今天晚上应该读什么书,并明确说晚上回来一定会检查考问学业情况。到了晚上,只要一听到楼下叩门声,钱挚就会催促弟弟钱穆先上床睡觉,他一人下楼为父亲开门,父亲回来坐定,钱挚就开始接受父亲对当天所布置的功课进行检查。有一段时期,钱承沛布置钱挚自己读《国朝先正事略》。在这本书中,有关于曾国藩和弟弟曾国荃领导的湘军和洪秀全、杨秀清领导的太平天国军队交战之事。一天晚上,钱承沛在给钱挚讲到曾国荃

---

① 《国朝先正事略》是清同治三年(1864)由李元度编撰、曾国藩作序的一部清朝人物传记书,共60卷。

军队攻破南京,李臣典、萧孚泗等先入城有功这一节时,突然说:"此处语中有隐讳。"接着就为钱挚讲解了为什么说书中所记有隐讳之处。讲完之后,钱承沛接着说:"读书当知言外意。写一字,或有三字未写。写一句,或有三句未写。遇此等处,当运用自己聪明,始解读书。"①钱承沛这是在讲解功课的同时,又因势利导,给钱挚传授读书方法。当时陪哥哥守夜的钱穆其实并没有睡着,而是在枕上假寐,偷听父亲的讲课。当听到父亲关于"读书当知言外意"这番话时,大有醍醐灌顶、豁然开朗的感觉而"喜而不寐"。此后,钱穆每天晚上都要在枕上偷听父亲在学业上对哥哥的教诲。由于父亲的严格要求,钱挚每天晚上都要过十一时才能够上床睡觉。而钱承沛虽然身体不好,但每晚在检查督教钱挚的学业以后,犹披灯夜读,必过十二时始睡②。

钱伟长父亲钱挚的圈点本《资治通鉴》

钱挚在父亲钱承沛的严格要求下,学业上进步很快,也卓有成就。他喜欢历史,尤其喜欢读《资治通鉴》,曾经用节省下来的钱购得一部明代版的《资治通鉴》,并且在阅读过程中圈点过。钱挚逝世以后,弟弟钱穆就将哥哥这部手圈本《资治通鉴》随身携带。后来钱穆离开大陆,这部由钱挚圈点过的明版《资治通鉴》则留在大陆并失踪。一次钱穆在香港的一个旧书铺中竟意外见到了这部

---

① 钱穆:《八十忆双亲 师友杂忆》,生活·读书·新知三联书店2021年版,第21页。
② 钱穆:《八十忆双亲 师友杂忆》,生活·读书·新知三联书店2021年版,第21页。

《资治通鉴》，他立即买了下来，钱穆到了台湾以后，一直将它藏在自己的寓所素书楼。钱伟长到香港见到钱穆时，钱穆曾郑重向钱伟长表示，以后一定想法将这部《资治通鉴》还给他。因为这是钱伟长父亲钱挚之遗物，应该是钱家的传家宝①。

钱挚的书法也很好，墨迹几乎遍布城乡。钱挚又喜欢吟咏作诗，他特别喜欢曾国藩所选编的《十八家诗钞》，可以说爱不释手。在唐宋诗人中，他尤其喜欢南宋陆游的七律，因此，他自己所做的诗，几乎全都模仿陆游的风格。钱挚逝世以后，钱穆曾花力气，收集了哥哥留下的诗作三百余首，编成一集付梓，分赠给哥哥生前好友和学生，来纪念这位知识渊博又勤奋好学的兄长②。

钱挚手书"钱氏私立又新小学校"校牌

在学业上，钱挚除了在塾馆接受塾师的开蒙教导、在家中受到父亲的耳提面命外，还根据父亲钱承沛的安排，于1905年到荡口镇果育小学就读，读高小一年级，即小学四年级。钱穆也和哥哥一起进了果育小学，读初小一年级③。果育小学为清朝末年无锡地区乡间新式学校之始，可见钱承沛在对钱挚、钱穆兄弟进行文化知识的教育和培养方面并不是保守的，而是具有新的意识和眼光。

---

① 钱伟长:《怀念钱穆先叔——钱穆宾四先叔逝世十周年忆养育之恩》，《钱伟长文集（下卷）》，上海大学出版社2013年版，第1269页。
② 钱穆:《八十忆双亲　师友杂忆》，生活·读书·新知三联书店2021年，第35—36页。
③ 钱穆:《八十忆双亲　师友杂忆》，生活·读书·新知三联书店2021年，第21页。

"我这个儿子好像前生曾读过书一样"

钱伟长的四叔钱穆,虽然和钱挚为同胞兄弟,但两人的禀赋、性格却不完全相同,因此,钱承沛在对待兄弟俩的文化知识教育方面也因人而异,采取的方法并不完全一样。在学业上,钱承沛对钱挚教督极严,而对钱穆,从表面上看,就如同钱穆自己感受到的"似较放任",其实不然。作为父亲,钱承沛实际上时时关心着钱穆的学业,对他的期望和要求都很高。钱挚、钱穆兄弟俩在塾馆学习的时候,有一天傍晚,钱承沛来到塾馆检查儿子的学习情况。他站在钱穆身后。当时钱穆正在诵读《大学章句序》,当钱穆读到"及孟子没"时,钱承沛突然用手指着书上的"没"字向钱穆发问:"知道这个字义吗?"当时塾师还没有为钱穆等开讲过《大学章句序》,钱穆凭自己的理解答道:"如人落水,没头颠倒。"钱承沛继续问:"你怎么知道这个'没'字为落水之意?"钱穆回答说:"因'没'字旁有三点水,我猜测是这个意思。"听了儿子的回答,钱承沛很满意,也很高兴,用手抚着钱穆的头对塾师说:"我这个儿子好像前生曾读过书一样。"塾师也称赞钱穆聪慧。钱承沛回家还高兴地将此事告诉了妻子[①]。

有一天晚上,钱承沛居家,有两个客人来访,钱承沛与客人闲谈,钱穆则在隔壁房间卧床休憩。父亲与客人的谈话他听得清清楚楚。钱穆听见父亲向客人介绍了自己学习的情况。当时钱承沛告诉客人说:"我这个儿子已经能粗通

[①] 钱穆:《八十忆双亲 师友杂忆》,生活·读书·新知三联书店2021年,第19页。

文字了。"并且介绍了钱穆在学校中所写的作文以及在家中私下模仿哥哥钱挚所作的散篇论文。这些文章专据《三国演义》,写有关羽论、张飞论等数十篇。钱穆写这些散论是偷偷练笔,连哥哥钱挚都一点不知道,现在被父亲当着客人面一一讲出来,而且充满了赞许之情,让钱穆惊魂不已①。他体会到父亲表面上对他的学习督教不像对哥哥那么严厉,实际上对自己的关心一点也不让于哥哥。一方面,钱承沛对钱穆在学习上的悟性和聪慧感到欣慰,甚至不吝当面给予表扬;另一方面又注意告诫钱穆不要因此而骄傲,所以才有父子两人过小桥时,钱承沛以"骄"字为喻,教诲钱穆不要因为聪明而生骄傲之心,自恃聪明反而被聪明所误,防止出现宋代王安石所写过的《伤仲永》里那个名叫方仲永的孩子由神童而沦为普通人的家庭教育悲剧。

"此两儿,当待其两兄教导"

钱承沛作为一家之长,不但对钱挚、钱穆的学业抓得很紧,对钱挚、钱穆的两个弟弟,即钱伟长的六叔钱艺、八叔钱文的学习也时刻放在心上。光绪三十二年(1906),钱承沛因病自知不起,临终之时,他先将钱挚、钱穆召到病榻前,反复叮咛的一句话就是:"汝当好好读书。"接着,他又让妻子将钱挚、钱穆的两个弟弟钱艺、钱文带到病榻前,当时钱艺7岁,钱文只有3岁。钱承沛指着钱艺、钱文对妻子说:"此两儿,当待其两兄教导。"②将两个幼子

---

① 钱穆:《八十忆双亲 师友杂忆》,生活·读书·新知三联书店2021年,第21页。
② 钱穆:《八十忆双亲 师友杂忆》,生活·读书·新知三联书店2021年版,第24页。

的学习培养重任托付给了钱挚和钱穆,其时钱挚18岁,钱穆也只有12岁。他们遵照父亲遗嘱,代父挑起了辅导督教两个弟弟学习的重担。钱挚和钱穆都没有辜负父亲的嘱托,在两个弟弟的学习方面尽到了作为兄长的责任。1912年的春天,钱挚命钱穆到离家七八里地的外秦家水渠三兼小学任教。当时六弟钱艺还只有13岁,钱挚命钱穆将钱艺带在身边,嘱咐说:你对六弟进行教导或胜过我,同时,也让六弟逐渐习惯离开家庭独立生活。第二年,钱艺就考进了常州中学[①]。

钱伟长父亲和叔父的表字

钱穆曾说钱家这个大家族,在哗啦啦似大厦倾覆之际,"七房桥书香未断,则仅在五世同堂之大房"[②]。"五世同堂之大房"就是钱伟长祖父钱承沛这一支。从钱承沛教子读书,努力学习文化知识的过程就可印证钱穆所说的"书香未断",仅从钱承沛四个儿子的名字就可看出钱承沛在这方面的用心。

钱挚,字声一,取"一鸣惊人"之典。钱穆,字宾四,取《尚书·舜典》"宾于四门,四门穆穆"之典。钱艺,字漱六,取南朝刘义庆《世说新语·排调》"漱石枕流"和晋陆机《文赋》"漱六艺之芳润"之典。钱文,字起八,则用宋苏轼《潮州韩文公庙碑》"文起八代之衰"之典。

钱艺和钱文在钱挚、钱穆两位兄长的督促管教下,加

---

① 钱穆:《八十忆双亲 师友杂忆》,生活·读书·新知三联书店2021年版,第33页。
② 钱穆:《八十忆双亲 师友杂忆》,生活·读书·新知三联书店2021年版,第10页。

之自己的努力,在学业上各有成就。钱艺以诗词和书法见长于乡间,登门求墨宝者不绝于途。钱文则善小品和笔记杂文,在当时的《小说月报》和《国文周报》上经常刊出以"别手"为笔名的文章。钱文之笔名"别手",即捌的拆字,暗含其表字"起八"。钱文对唐宋古文也很有见解,也曾受到当时文坛的重视。钱挚和他三个弟弟,在文化知识的学习方面,都成就斐然,各有所长,这和他们父亲,即钱伟长的祖父钱承沛对儿子文化知识教育方面的重视和严格要求是分不开的。

"生我者父母幼吾者贤叔"——四叔钱穆对钱伟长的教育和影响

1990年8月30日,钱穆以96岁高龄在台北寓所逝世。钱伟长即撰写了悼文和挽联痛悼和怀念四叔。在悼文中,钱伟长写道:"燕山苍苍,东海茫茫。呜呼吾叔,思之断肠。幼失父怙,多赖提携。养育深恩,无时或忘。"在挽联中,钱伟长写道:"生我者父母幼吾者贤叔旧事数从头感念深恩宁有尽;于公为老师在家为尊长今朝俱往矣缅怀遗范不胜悲。"①表达了钱伟长对有养育和教育深恩的四叔的无比怀念之情。确实,在钱伟长的成长过程中,无论是在经济、生活方面,还是在做人、获取知识方面,四叔钱穆都起到了无可替代的作用和影响。钱伟长在读小学阶段,学习的道路一波三折,并不平坦。在知识的获取和读书习惯的养成方面,受到家庭的影响很大。除了父亲的严格要求以

---

① 钱伟长:《隔岸悼四叔》,《钱伟长文集(下卷)》,上海大学出版社2013年版,第865页。

外,对钱伟长影响和帮助最大的是四叔钱穆。

孩提时期的钱伟长所居住的五世同堂大宅的第三进,称素书堂。陈设在素书堂的书橱给了钱伟长很多读书的机会。特别是到了暑假,素书堂成为钱伟长的天下。他徜徉在这个小天地里,书橱里什么书都看,即使看不懂的书也兴致盎然地看。对《三国演义》之类的古典名著,钱伟长看得很早,也看得很多;其他如正儿八经的正史经典著作《史记》《汉书》之类,在他长大一些时也看。年少时在素书堂的读书经历也无意中养成了钱伟长读别字的习惯。有一次,四叔钱穆偶然发现钱伟长在家居然什么书都看,也有"字不识,读半边"的读别字的习惯,很有感触。于是就将钱伟长叫到跟前,告诉他自己小时候和钱伟长一样,也是什么书都想看,就养成了读别字的习惯。钱穆说,这些字别看不认识、读不出,意义却完全懂得,而读音则是自己无意中创造的。但是,钱穆毕竟是大学者,他并不赞成孩子养成读别字的习惯,他告诉钱伟长,这样的习惯养成,就会影响你和别人的交流。于是,钱穆就给侄子买了本字典,并且教会钱伟长怎样查字典、怎么正确读音。当时,钱伟长还只有7岁,在四叔的教导下,就已经懂得用字典来查找不认识的字,掌握正确的读音和理解字词的意思,从而改正了他无师自通地在读古书时自己创造读音的习惯和毛病。

钱伟长幼年时,在家学习,父亲要求他每天以日记的形式作文,作为文化知识学习的作业,并且指定要四弟钱穆负责批改。除了日记以外,父亲还布置给钱伟长一个特殊的作业,即为祖母记家庭流水账。这一作业对年幼的钱伟长来说要难得多。平时的日记,钱伟长可以找自己已经认识的字写，记账则不能任凭自己选择。家里一般的油盐酱醋支出，学一次就记得了，但遇到衣料和杂物等支出，有很多字钱伟长根本就没有接触过，不知道怎么写，只好用同音字替代。尤其是遇到记人的名字，十之八九不知道怎么写。因此，钱伟长就对记账这份"作业"产生了抵触情绪。而他的四叔，却很支持哥哥钱挚的这种做法，让钱伟长在记账过程中学习文化知识。因此，在鼓励钱伟长为祖母做好记账工作的同时，钱穆极有耐心地为他的账本批改订正错别字。钱穆把帮助钱伟长改正错别字的过程看作是辅导侄儿钱伟长学习文化知识的另一个课堂。每改正一个别字，钱穆一定要讲清楚每一个字组成笔画的特点和意义。几个月后，钱伟长在记账中学到了汉字的结构特点、音形义和偏旁等这些过去完全不懂的东西。半年后进步很明显，以至钱穆可以不再与钱伟长讲错别字的问题了。

书法的学习和应用，是中国传统文化知识学习和考核必须掌握的一门功课。为此，钱穆在钱伟长身上也下了不少功夫。钱伟长虽然年纪还小，但钱穆已经开始逼着他学写字。因为家里穷，没有更多的钱买练习写字的纸，为了省钱，钱穆就给钱伟长找了一块方砖，把方砖的一面磨光，让钱伟长用毛笔沾着水在方砖上写字，并且每一个字都要写几十遍，并随时对钱伟长写的字进行辅导讲解，指出这个字在间架结构上的毛病。每一个字一定要写到十分合格了才允许写第二个字。在钱穆这样严格的训练下，钱伟长的书法得到长足的进步。但是，在钱穆眼中，钱伟长还只是蒙童学写字的第一步。钱穆告诫钱伟长，要写出真正合格的好字，一定要长期临碑练帖。

钱穆作为中国现代国学大师,他对钱伟长的深刻影响,除了耳提面命的庭训以外,还有一个重要方面就是自身在学习上作出表率。由于家里的经济状况一直比较窘迫,钱伟长在读小学阶段,上学的学校一直不固定。他的父亲钱挚、四叔钱穆由于一直在乡村小学担任教师,因此,父亲或者四叔在哪所小学教书,钱伟长就跟着在哪所学校上课。如果父亲或者四叔换一所学校,钱伟长也跟着换一所学校,所以他是三天两头换学校,几乎把乡里的学校都走遍了。

钱穆在后宅小学教书时,钱伟长就陪侍在侧。他亲眼看见四叔在教课之余,手不释卷、孜孜不倦地读书。而且钱伟长还发现四叔读书兴趣广泛,博览群书。虽然钱穆精通中国文史方面的知识,但他对西方的文化也毫不排斥,极有兴趣地研读学习。钱伟长亲眼看到四叔是那么专心地读欧洲文艺复兴时期以来的文、史、哲、经各种名著。读书之余,钱伟长还发现自己的四叔尽管书法已经不错了,但依然利用旧报纸练字不辍。

四叔的好学和读书的广博,给幼年的钱伟长留下了不可磨灭的印象,对他日后的求知学习和做学问产生了积极影响。对这一段陪读经历,钱伟长曾回忆说:"他钻研学问,总要我陪伴在侧,读自己的小学课文,也可翻阅《三国演义》《水浒传》等书籍,西方名著我也似懂非懂地看一些。陪四叔读书几年,使我养成爱好读书的习惯。'少成若天性,习惯成自然。'养成良好的习惯于童蒙,终生受用。……我对文史方面的兴趣得益于四叔的熏陶和影响。"[①]

---

① 钱伟长:《谈四叔钱穆》,《钱伟长文集(下卷)》,上海大学出版社2013年版,第866页。

后来钱伟长考进苏州中学读高中,当时钱穆也正在苏州中学任教。钱伟长依然像在后宅小学那样,一边读书,一边在钱穆身边陪读。在钱伟长的记忆里,四叔钱穆"在苏州任教时,朝迎启明、夜伴繁星地苦读,并和我父亲共同把积攒的一点钱凑起来买了一部《四部备要》。经、史、子、集,无不精读,时而吟咏,时而沉思,时而豁然开朗,我看他读书的滋味简直胜于任何美餐。与当年一样我仍从旁伴读,有时还听四叔讲文学,从《诗经》《史记》《六朝文赋》讲到唐宋诗词,从元曲讲到桐城学派、晚清小说,脉络清楚,人物故事有情有节,有典故有比喻,妙语连珠,扣人心弦。就这样,我和他朝夕相处,耳濡目染,学到不少东西。记得我在考清华大学时,考卷中有一道题,问二十四史的作者、注者和卷数,许多人觉得出人意料,被考住了,而我却作了完满的回答。这是从四叔平日闲谈中获得的知识"[①]。

八叔钱文对钱伟长的教诲

钱伟长在家中的文化知识启蒙和学习,除了受到父亲钱挚和四叔钱穆的严格教育和督导以外,还有就是八叔钱文对他的教育和帮助。

在钱伟长幼年时,八叔也是他的家庭教师,钱伟长在没有进小学以前就开始阅读中国的演义小说,他看的《水浒传》是从八叔处借到的。钱伟长正是在阅读这些古典小说名著的基础上,进而阅读《春秋左传》以及《史

[①] 钱伟长:《谈四叔钱穆》,《钱伟长文集(下卷)》,上海大学出版社2013年版,第866页。

记》《汉书》等的。钱伟长的八叔钱文只比钱伟长大7岁，钱伟长和八叔也最亲近。许多中国古代笔记杂文钱伟长都是从八叔处接触到的。钱伟长的父亲要求钱伟长每两天交一篇作文，除了要求四叔钱穆批改以外，并要求八叔钱文批改。钱文在作文方面的指导和训练，对钱伟长的帮助很大。钱伟长说，经过八叔的指导，自己在作文方面进步很大，这也是自己在进入学校后，国文课经常能得高分的原因之一。

特别要指出的是，在指导钱伟长作文的过程中，钱穆很有远见。钱穆认为钱伟长的作文虽然有了长足的进步，但是离开他的要求还有距离，他要求钱伟长在作文方面还要继续加强训练。但是他提出，对钱伟长的作文他不再动手批改，而是让弟弟钱文负责修改。因为钱穆认为自己的作文是老式的，而弟弟钱文在《小说月报》上发表的许多短文则写得都很好，用的手法是新式的。所以钱穆要弟弟钱文批改钱伟长的作文，并要求钱伟长好好跟着八叔学。

八叔钱文用"别手"的笔名写的短文很多。当时《小说月报》每期都有三四页。有一次钱文给了钱伟长两期《小说月报》，他对钱伟长说，这两期《小说月报》上共有短文五十二篇，五天之内你给每篇短文另外取个标题，越短越好，能用一个字代表一篇短文也可以，但标题和短文的主要内容应该是吻合的。这样的作业钱伟长从来没有做过，他初学之时以为很容易，一钻研，才明白要达到八叔的要求远非易事。钱伟长认真弄了三天，总算交卷。钱文仔细看过钱伟长交来的作业，然后一篇一篇地给他讲，原作每一篇的本意是什么，作者为什么要写这样的短文。又指出钱伟长所拟定的标题哪些与原文不切合，按钱伟长所拟定的标题,含义不明确,会让读者产生多种不同的理解,有的还和短文原意风马牛不相及。接着,八叔又耐心地辅导钱伟长每篇应该怎样写。凡此种种,八叔钱文都讲解得一清二楚。就这次作业,钱文一连讲了两天,才讲了一半。钱文又要求钱伟长将没有讲完的后面一半推倒重写,约好两天后再谈。八叔钱文的这次辅导,给钱伟长留下了深刻的印象。他在晚年回忆起八叔的当面教诲时说:"这次谈话给我的教育很大,使我晓得世界上的问题非常复杂,人们认识是很不相同的,并不像人们想象的那样简单。"①

钱伟长在读书方面,还受到祖母蔡氏的督促。她曾经对家人表态:"我今无事,当务督导长孙读书。"这个长孙,就是钱伟长。钱穆在回忆中说,母亲蔡氏"每夜篝灯,伴孙诵读。余在家,亦参加。同桌三代,亦贫苦中一种乐趣也"②。

钱穆通过书信指导儿子钱逊读书

钱逊是钱穆的第三个儿子,也是钱伟长的堂弟。钱穆在与钱逊的通信中,也不忘对他的学业进行指导。1980年4月17日,钱穆在给钱逊的信中说:"我今年已八十六岁,自七岁识字读书,到今恰八十年,自念有苦学二字。而因此对爱国家爱民族积有一番信心。我对八十年来之所学所信,亦不啻即是我之生命,我对此不得不加

---

① 钱伟长:《怀念钱穆叔叔——钱穆宾四先叔逝世十周年忆养育之恩》,《钱伟长文集(下卷)》,上海大学出版社2013年版,第1250—1269页。
② 钱穆:《八十忆双亲 师友杂忆》,生活·读书·新知三联书店2021年,第33页。

倍护惜。"这是钱穆用自己八十年的"苦学"精神来激励儿孙。1981年2月15日,钱穆在给钱逊的第二封信中,对钱逊的读书作了具体指导,他说:"你来信说及读我《中国历史精神》及《中国学术通义》两书,所述感想,两端均有见解,并甚扼要。惟盼你读书勿心急贪多,须仔细缓看,得一点是一点,遇有能欣赏体悟处,须反复重读,一书看两三遍尽不妨。寄来书太多,万弗欲速,匆匆看过,将全无益处。如《朱子新学案》等,太涉专门,可勿轻率涉猎。遇读一书有心得,可继续在来信中提及,俾我略知你性及学问基础,庶可有所指示。""你读我书外,盼多读些古书。《论语新解》最盼细读,俾可养成诵读古书之习惯,你对古书有通体读过而觉得有兴趣的,盼你告诉几部书名。你所性近,亦能自知否,盼试述之。你年事已不轻,并在学术界做事,幸加努力,不以无知无识度此生,则我所望也。能读得一些是一些,万勿转发大理论大意见,误己误人,切诫切诫。"1982年7月28日,钱穆在给钱逊的第三封信中,除了指导钱逊理解"知命与求仁"等问题以外,又对读书的问题作了具体指导。信中说:"至问此下读何书,此须看你自己兴趣与你的程度,只我所著各书,先读你喜欢的感兴趣的,读通一书自能再读他书。古书也如此,并无一定次序,但重要的必该读,不重要的可不读。在我著书中已举出了数十种,不望你全读,且勿滥读他书。"[1] 钱穆给钱逊的三封信篇幅都不长,但谈读书的文字倒占了许多,可见钱穆对指导儿子读书之心切。

---

[1] 钱逊:《父亲给我的三封信》,钱志仁、钱国平主编《无锡鸿声钱氏六院士》,无锡市历史学会2008年5月,第152—153页。

第三章 钱伟长的家教

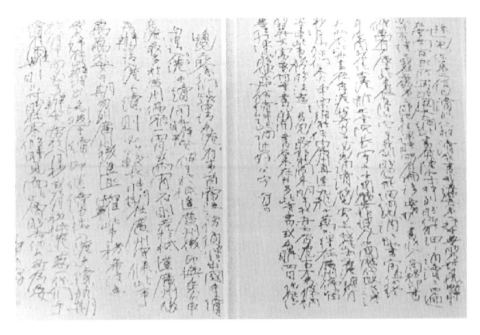

1980年4月17日,钱穆写给儿子钱逊的信

钱穆儿子钱逊

钱穆辅导侄儿钱慈明读书

钱慈明是钱伟长六叔钱艺的儿子,亦即钱伟长的堂弟。他考进江南大学不久,钱穆应著名实业家荣德生之聘,回到家乡无锡任江南大学文学院院长,伯伯和侄子在一所大学,伯伯是教授,侄子是学生。钱慈明经常会带着各种问题到钱穆宿舍向二伯请教。钱穆总是耐心地听完侄子的想法,然后慢慢地启发他,让他自己逐渐地找到答案。他又对钱慈明说,在大学学习,既要注意打基础,又要培养自己独立研究的治学精神。因此,光用死记硬背的方法是不够的,还需学会自己看教科书、参考书,学会把各种知识融会贯通。当时江南大学规定,各门功课成绩均在80分以上的,可全免学费。钱慈明由于得到二伯父钱穆的及时指点,再加上他自己的努力学习,从第二学

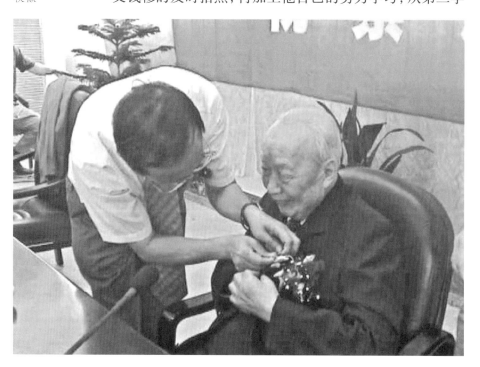

2003年9月,江南大学领导为钱伟长佩戴江南大学校徽

2003年9月,钱伟长参加江南大学蠡湖校区钱伟长楼奠基仪式

期开始,各门功课成绩均在80分以上,学费全免,直到从江南大学毕业①。

钱穆指导孙女钱婉约读学术书

钱婉约是钱穆次子钱行的女儿,是钱穆的孙女、钱伟长的侄女。1980年,钱婉约考入北京大学中文系。在钱挚、钱穆、钱艺、钱文兄弟孙辈之中,钱婉约是唯一一个学文科的。她进入北京大学中文系后,怀着欣喜而又急迫的心情,写信将这一喜讯禀报了爷爷钱穆。1981年12月6日,钱穆写信给钱婉约,对她的读书进行辅导。信中说:"婉约孙女:读你来书,使我十分欣慰,你们的古典文献专业,据你报告,课程应该是注重在本国历史文化的大传

---

① 钱慈明:《我的伯父钱穆》,载钱志仁、钱国平主编《无锡鸿声钱氏六院士》,无锡市历史学会2008年5月,第160—162页。

统上,这是正确的。苟非对历史文化传统有认识,即不易了解到一切古籍深处;但不了解古籍深处,亦不易认识到历史文化传统之真意义真价值所在。此事艰难,望你努力以赴,勿求速进,亦勿望小成,庶有远大之希望。《先秦诸子系年》一书不宜早读,《论语新解》则尽可读,读后有解有不解,须隔一时再读,则所解自增,最好能背诵本文。积年多读,则自能背诵,能背诵后,则其中深义自会体悟。《庄子纂笺》亦宜看,亦该重复看,不必全能背诵,但须选择爱诵篇章到能背诵为佳。《论语》外,须诵《孟子》《大学》《中庸》与朱子集注章句为主。《庄子》外须诵《老子》。《四书》与《老庄》外,该读《史记》,须全读不宜选读,遇不易解处,约略读过,遇能解又爱读处,则仍须反复多读,仍盼能背诵。此等皆须真实工夫,不宜任意翻阅过目即算。待你读任何书有困难尽来信,我可就你困难处续加指点。倘读中国通史,最好能看我的《国史大纲》。此书实亦难读,但我在此,待你读后有疑问,我可指点你。总之,须你有问,我始能答。各人读书所得各不同,须随各人性情智慧自己寻一条路前进,共通指导则总是粗略的。我上面举了七部书,已够费时研读了。你若在此七部书外,临时有问题,亦可临时来信发问,总之,须具体问,我能具体答;笼统发问,是无意义的。我此信所能告你者止此,望你深细体认了解,余不多及了。祝你进步。"在信写完以后,钱穆又补充说:"盼你告诉我你目前最喜看的是些什么书。又及。"[1]

钱婉约在学习过程中,又写信给祖父,谈自己的读

---

[1] 《钱穆先生给孙女开的书单》,"澎湃"2019年8月5日。

书体会和方法,并将学校里的情况一一告诉给祖父。钱穆读信后不久,又给钱婉约写了封信,信中说:"五月来信早读到,你读《论语新解》能与朱子集注以及《十三经注疏》中之《论语》并读,甚佳。但《论语》一书含义甚深,该反求诸己,配合当前所处的世界,逐一思考,则更可深得。重要当在自己做人上,即一字一句亦可终身受用无穷。此刻你已返苏州,《孔子传》当已见到,不知已细读一过否。圣人所讲道理,不必即能行之当世,但即在孔子当世,闻其教而受益的也就不少了,如颜渊即其一例。你该问自己如何来学孔子,且莫管孔子之道不能行于当时,此始为切问而近思。你喜欢文学亦大佳事,最好能先读《诗经》,即先从朱子的注入门,能诵唐宋诗词亦佳。又贵能推广于唐宋韩欧八大家之古文,不必通读全集,能选择自己懂得的又喜爱的诵读数十倍,莫急切,只求有入门处。先生要你们写论文,与你们自爱读何书不相妨,只求能从你爱读的书来写便是。做学问主要在自己觅得喜爱,不急切求人道好,此层盼你细细记住也。莫要怕学问广、书籍多,只择你所好逐步上进,也并不吃力。主要总在保持自己的喜爱上。你刚才入大学二年级,千万莫心急,待你回到学校,遇到问题,尽不妨时时作书来问。我与你虽远隔两地,或不能一一详答,但择要告诉你几句,对你总有益。我未能进大学,十八岁即在乡村教书,亦没有先生问,但总还读了不少书,知道得许多学问。你只要喜爱读书,便会有前途。孔子也说:'十有五而志于学,三十而立。'你今只要能志学,距三十而立还尚远。读书能如此反身读,便够了。《四书释义》中的《论语要约》,也盼你一读。完了,下次待你来信再写。"①

钱穆在给孙女钱婉约的信中,谈的问题学术性都很强。钱婉约也牢记祖父的谆谆教导,刻苦读书,认真学习研究,最终成为北京高等学校的名师。

据统计,钱姓人口在全国只有270万人,而真正称得上吴越钱氏的更不会超过100万人,但名人的比例却大大高于其他大姓。这是为什么?对这个问题,有人专门问过钱伟长,他回答说:"其实道理很简单,因为我们钱家人喜欢读书,书读多了,学问就多,就容易成才出名。"诗礼传家,书香未断,这就是钱氏一门名人众多的重要因素②。

---

① 《钱穆先生给孙女开的书单》,"澎湃"2019年8月5日。
② 陶福贤:《我见证了钱伟长的寻根之旅》,载《临安钱镠研究》2018年8月。

第三节　重视子女独立谋生教育

品德教育是子女立身的根本,属于精神方面;谋生技能的传授则是立足社会的手段,属于物质方面。人类的教育首先是从亲属成员间谋生技能的传授开始的,是家庭教育最基本的内容。谋生技能的教育包括生活教育、勤俭持家与自立教育、谋生手段与择业教育几部分。

"幸能立志早谋自立"

钱伟长的祖父钱承沛英年早逝,留下钱伟长祖母及钱伟长父亲、叔父等一大家老小,家中生活陷入困顿。在为钱伟长祖父治丧期间,亲族吊者群集,大家提出要钱伟长的祖母按照规定申请领取怀海义庄的抚恤。钱伟长的祖母蔡氏听后流着眼泪婉言拒绝,说自己的丈夫生前曾为怀海义庄出过力,是为钱氏宗族的权益在出头,"自问存心无一毫私图耳。今棺木未入土,其妻其子,即吃义庄抚恤米,何颜面见先夫于地下?"诸亲族听了钱伟长祖母的话以后,争相劝说道:"二相(指钱伟长祖父钱承沛)生平绝不怀私图,不唯亲族群知之,即路人不相识者,亦皆知。义庄抚养孤寡,乃符合列祖列宗遗意。且五世同堂一门,孤寡受抚恤者何限。二嫂独不受,此诸家怀念往昔,何以自安。"对此,钱伟长的祖母实在不得已,只得勉强接受申领怀海义庄的抚恤钱粮。为此,钱伟长的祖母将儿子钱挚和钱穆召到身边,一边流着眼泪一边说:"汝兄弟闻所言否?幸能立志早谋自立。"①"幸能立志早谋自立"这句话,凸显了钱伟长的祖父母在家庭教育方面对子女独立谋生意识培养的重视。后来,钱伟长的父亲钱挚任小学教师,有了一份微薄的薪水,祖母即令钱挚不再领怀海义庄之抚恤。其时钱挚每月的薪水也只有十多元,家中生活依然窘迫不堪,但钱伟长祖母宁可节衣缩食,也要让儿子去办理不再申领抚恤的手续②。

反对长辈溺爱孩子

每个家庭,不管贫富,老人总是宠溺自己的孩子。钱伟长小时候也受到祖母百般宠爱。他作为男孩,自然有着贪玩的天性,每到这时候,钱伟长的母亲要出面管教,但祖母总是护着他,嘴里不停地"心肝宝贝肉"叫着。对此,钱伟长的父亲钱挚和四叔钱穆对如何教育家里的这个长子长孙的问题,进行了认真严肃的磋商讨论。钱挚和钱穆都是饱读诗书之人,对历史上家庭教育问题上的是非得失有着深切的体会,他们认为,纵观历史和现实,长辈对孩子的溺爱往往会使孩子过于娇嫩,念不好书,日

---

① 钱穆:《八十忆双亲 师友杂忆》,生活·读书·新知三联书店2021年版,第28—29页。
② 钱穆:《八十忆双亲 师友杂忆》,生活·读书·新知三联书店2021年版,第31页。

后也经不起坎坷,难以独立谋生,更不要说成才。因此,他们认为钱伟长作为孙子,在家被自己的母亲,也就是钱伟长的祖母心肝宝贝似的百般护着,溺爱有加,深觉不妥。于是经过商量,在钱伟长7岁时,就被四叔钱穆带到后宅小学住读。钱伟长小小年纪便开始半独立生活。

在劳动中成长

钱伟长一家,在对教育孩子独立谋生的重视方面,在钱伟长身上体现得最为突出。

在钱伟长的童年,家中已经"沦为赤贫",正如钱伟长自己所说:"我父亲整天在外头教书,是不常回家的,我母亲是一个大字不识得的农村妇女,我们就靠父亲8元钱一月的工资养活一家,我还有祖母和两个小弟弟,我父亲还有两个小兄弟正上小学,我父亲和一个叔父养活这么一家。"[①]但是,幼年的钱伟长自小就懂得了生活的艰辛,勇敢地帮助家庭分担生活的重担。

钱伟长尚在垂髫之龄,为了家里的糊口生活,在家里,争着帮助祖母、母亲和婶母做采桑养蚕、挑花刺绣、糊火柴盒等活计,以补贴家用。在野外,又总是和小伙伴们奔逐在田野间,在河沟、小溪和荡边,捞小鱼小虾,摸螺蛳,捉田鸡,拾田螺,放鸭子。到晚上,还到湖边挑灯捉蟹拾蚌等。作为男孩,钱伟长还学会了挑金花菜、马兰头、荠菜、"狗切头"等田岸边上的各种野菜,每次都是装满小篮子携回家,这些都能够成为家中助餐的菜肴。钱伟

---

① 钱伟长:《学习之路》,《钱伟长文集(上卷)》,上海大学出版社2013年版,第701页。

长曾骄傲地回忆说,在他的童年,"我们的生活是非常艰苦的,什么金花菜、荠菜我都会挑的,地里活我都能干,我会捕鱼捉虾,我什么都会,我要靠这个过日子么!我不出去,桌子上什么也没有呀,金花菜自己去挑,挑了腌起来,我们吃饭就吃金花菜叶。"①俗话说穷人的孩子早当家。钱伟长正是在这种环境中,从小就养成了热爱劳动的习惯,懂得了生活的艰辛,树立了独立谋生的志向。然而,幼年生活的贫困,加之农村中卫生条件又很差,因此,钱伟长曾患过肠胃寄生虫病、疟疾、痢疾、肺病、伤寒等多种疾病,在缺医无药的条件下,钱伟长留下了一个发育不良的瘦弱体格。

钱伟长从小在家经受了艰苦生活的磨砺,养成了独立谋生、独立学习研究的习惯。1995年9月15日,作为上海大学校长,钱伟长在新生干部会议上发表讲话,专门给大学生们讲了青年人独立的问题,谈到了家庭教育的问题。钱伟长在讲话中说:"第二个问题想要和大家谈谈青年人的独立问题。无可厚非,在你们身上,家长对你们有很高的期望。可是你们是要独立工作的。有些家长很关心自己的孩子,军训期间,有的家长过两天来看看,一会儿送来吃的,一会儿送来用的,一会儿把脏东西拿回家去洗,一直到军训结束。他们生怕儿子生病,我说,你放心,学校把你们的小孩看作自己的儿女,像我就把你们当作我的孙子、孙女看的。我的孙子、孙女,我也很爱。我不会让你们在锻炼时生病,关键是让你们学会自己管理自

---

① 钱伟长:《学习之路》,《钱伟长文集(上卷)》,上海大学出版社2013年版,第701页。

己。因在家里父母太爱护你们了,什么也不让你们做,特别是祖母。所以我不让我的太太管孙女管太多,让她有自己的想法,要会自己独立生活,不要让祖父、祖母时刻挂念。你们应生活得越来越好。要独立生活,要在一年内改变过来,这个想法我跟很多研究生谈过。"①

---

① 钱伟长:《积累知识　学以致用》,《钱伟长文集(下卷)》,上海大学出版社2013年版,第1119页。

第四节　良好的教育方法

一个家庭,不仅要重视家庭的教育,还要有一个比较好的切合实际的教育方法。钱伟长一家,在教育方法方面,都有着自己独特的表现。

寓教诲于闲话家常之中

钱伟长的祖母蔡氏不识字,对子女的教育从表面看起来,"绝非教诲,更无斥责,只是闲话家常"。然而,在钱穆看来,其母亲"语语皆若琐事,若闲谈,而实语语皆教诲,皆有一中心",也就是说将对子女的教诲寓于闲话家常之中。钱伟长的祖父钱承沛逝世以后,祖母与儿子钱挚、钱穆闲谈的内容大多是向儿子讲述他们的父亲的"遗言遗行"。在这样的教育之下,钱穆说:"一家生活,虽极贫苦枯寂,然余兄弟在当时,实并不知有所谓贫苦,亦不知有所谓枯寂。惟若先父之灵,如在我前,如在我左右。日惟以获多闻先父之遗言遗行为乐事。"[1]

---

[1] 钱穆:《八十忆双亲　师友杂忆》,生活·读书·新知三联书店2021年版,第29页。

子女有过失冀自悔悟

钱伟长的祖父祖母对子女从无疾言厉色。据钱穆回忆,在他小时候,家已从七房桥迁到荡口镇。有一次,他的一位堂兄来到家中小住。一天傍晚这位堂兄邀请钱穆一起到七房桥看看,并嘱咐钱穆一定要将此事事先禀告母亲。钱穆就向母亲禀报了此事。但是钱穆母亲以为这只是一句玩笑话,听过以后并没有在意。直到当天吃晚饭时才发现钱穆和堂兄两人都不见了,钱穆母亲这才想起钱穆的话,这两个孩子真的到七房桥去了。急得钱穆父亲钱承沛连夜带着家人杨四宝提着灯一脚高一脚低地赶到七房桥。而钱穆对于家里的这种提心吊胆的悬念浑然不知,已经入睡了。结果在梦中被父亲叫起,又连夜赶回荡口镇。钱穆知道自己闯祸了,在回荡口的路上,一直等待着挨父亲的批评和责骂,甚至做好了挨打的准备。但一路上父亲竟一句责备的话都没有说。回到镇上,天已近后半夜了。父亲带着钱穆走进一家还在做生意的汤团铺,给钱穆买了一碗汤团吃。到了家中,钱穆的母亲和姐姐正对着孤灯等候。见到钱穆平安回家,母亲也是一句责怪的话都没有说,反而用取笑的口吻说:"汝反吃得一碗汤团。"意思是说你明明闯了祸,非但没有受到责罚,还多捞到一碗汤团吃,并催促钱穆赶紧去睡觉[①]。钱穆说,父亲母亲见子女偶有过失,"转益温婉,冀自悔悟",让孩子自省自警,这确实不失为家庭教育的一种好方法。

[①] 钱穆:《八十忆双亲 师友杂忆》,生活·读书·新知三联书店2021年版,第19—20页。

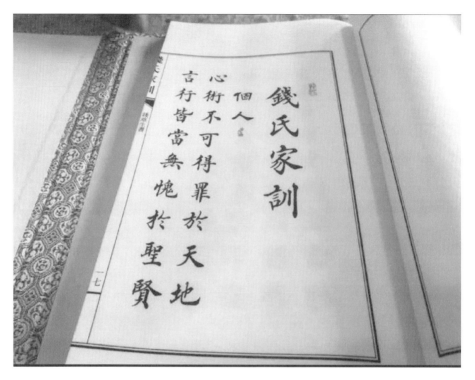

《钱氏家训》

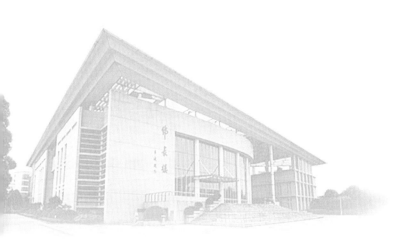

第四章　钱伟长的家风

第一节　书香门第　诗书继世

家风又称门风,是指家庭成员在长期的家庭生活中逐渐形成并传延下去的价值观念、生活作风、生活方式、行为规范、生活习惯的总和。家风的好坏,关系到一个家庭在社会上的声誉和地位,直接影响家庭成员的成长和发展。在七房桥的钱氏大家族中,钱伟长这一支脉,有着自己不同寻常的家风。

书香未断　教师世家

"忠厚传家久,诗书继世长。"钱伟长一家从他祖父钱承沛开始,虽然从原来的小康一下子堕入贫困,但"忠厚传家,诗书继世"的家风在当地四乡八村名声很大。钱伟长的祖母蔡氏与钱伟长的祖父钱承沛同年,是蔡师塘头人,蔡家是一个"儒而商"的家庭。当年,钱承沛向蔡家提亲,有人曾对蔡氏的父亲说:"七房桥五世同堂一宅,俗所谓酱缸已破,独存架子。大族同居,生事艰难,而繁文缛节,依然不废。闻新婿乃一书生,恐不解事。君女嫁之,必多受苦。"就是说钱承沛这一墙门之钱家,家庭经济已大不如前,就像俗语所说,是"酱缸已破,独存架子"了。一个大家族居住在一起,生活艰难,可是家里依然还穷讲究这个礼节、那个礼节的。听说前来提亲的是一个书生,恐怕迂腐而不懂得人情世故。你的女儿嫁过去,免不了会受苦的。平心而论,蔡氏父亲的这个朋友说的这一席话也不是没有道理的。但是蔡氏的父亲对选择女婿却有着自己的见解,他回答说"诗礼之家,不计贫富。我极愿吾女往,犹得稍知礼"并当即答应了这门婚事①。

蔡氏的父亲,即钱承沛的岳父,在当时能说出"诗礼之家,不计贫富"这样的话,应该说是极有见地的。钱伟长一家,祖父钱承沛、父亲钱挚、四叔钱穆等,酷嗜读书,都是饱学之士。钱承沛在荡口办私塾,颇有声望。钱挚、钱穆后来也都担任小学教师,钱伟长的六叔钱艺、八叔钱文,从学校毕业以后,也先后担任乡村教师。相比于七房桥其他各房,钱穆说:"七房桥全族书香未断,则仅存在五世同堂之大房。"②这"五世同堂之大房",就是指钱伟长曾祖父、祖父到父亲、叔父这一脉。

"为钱氏家族保留几颗读书种子"

钱承沛和蔡氏成婚后,夫妻举案齐眉,情笃意深,先后育有四个男孩、两个女儿。1906年,钱承沛不幸病故。家中倒了顶梁柱,生计顿时出现困难。这时候,诸亲族群都来到家中慰问,同时都向蔡氏提出,家中现在出现这么大的困

---

① 钱穆:《八十忆双亲 师友杂忆》,生活·读书·新知三联书店2021年版,第25页。
② 钱穆:《八十忆双亲 师友杂忆》,生活·读书·新知三联书店2021年版,第10页。

难,何不让长子,也就是钱伟长的父亲钱挚停止学业,到苏州、无锡一带的商店里谋一职,这样可以略解家中经济的燃眉之急。但是任凭诸亲如何劝说,蔡氏都坚决加以拒绝,她回答说:"先夫教读两儿,用心甚至。今长儿学业未成,我当尊先夫遗志,为钱氏家族保留几颗读书种子,不忍令其遽尔弃学。"这是说,钱承沛在世之时,亲自督教钱挚、钱穆这两个儿子,极其用心。而现在两个儿子学业未成,自己一定要尊先夫遗志,怎忍心匆匆忙忙让儿子放弃学业呢?蔡氏是这样说的,也是这样做的。到了第二年的冬天,正值常州府中学堂成立,长子即钱伟长父亲钱挚考取师范班,次子即钱伟长四叔钱穆考进了中学班,继续他们的学业[①]。

"为钱氏家族保留几颗读书种子",这是多好的一句话啊!钱伟长家族之所以人才辈出,可以从钱伟长祖母蔡氏这句话中找到答案。

读书犹如播种,春华秋实,必有出息

在升学读书还是谋生养家这两者之间作出选择,不光是钱伟长父亲钱挚遇到,钱伟长也不止一次地碰到过。钱伟长在虚岁14岁的时候小学毕业,当时家境依然没有起色。钱伟长母亲见到邻家比钱伟长稍大一点的孩子,有的穿着绿色的制服当邮差,有的穿着黑色的制服当铁路员工,不但服装漂亮,而且月薪大洋三块,不免为之动心。那时三块大洋可买六七斗米。一天钱伟长母亲温和地对钱伟长说:"伟长,你小学毕业了,本来也该上中

[①] 钱穆:《八十忆双亲 师友杂忆》,生活·读书·新知三联书店2021年版,第30—31页。

学,可家里境况你知道,学费哪里来? 你下面还有弟弟妹妹。"当时无论是当邮差还是铁路员工,都是铁饭碗,如果钱伟长也能当上邮差或者铁路员工,就能养家,为家庭日益拮据的经济减轻负担。听到母亲的问话,钱伟长的眼泪簌簌而下,他是多么向往读书啊! 可是想到家中的困境,钱伟长只好"嗯"了一声,无可奈何地答应了。

升学还是工作,这件大事,钱伟长的母亲当然要与丈夫商量。当时钱挚在梅里小学任教,为了此事专程从梅里赶回家。他坚决主张让钱伟长继续读书,他说家里虽穷,可孩子的知识不能少,读书犹如播种,春华秋实,必有出息。钱伟长的四叔钱穆也坚决支持侄儿继续读书。钱伟长后来回忆起这一家庭插曲,说:"这一主意的改变,决定了我今后的生活道路。若不是父亲和四叔的支持,我走的也许是另一种生活道路。"①

钱伟长的高中是在省立苏州中学读的,他是以初中二年级的程度考上这所名校的。虽然发榜时名列最后一名,但是还是让父亲和四叔感到很高兴。开学那一天,天上下着蒙蒙细雨。父亲钱挚当时身体不好,心情也不佳。他当时正在县中任教务主任,但是蒋介石发动的四一二反革命政变,县中竟然有八位教师惨遭杀害,作为教务主任,他怎能不为此揪心。但是父亲怀着对儿子的满腔希望,坚持要送钱伟长去学校。一路上父子俩合撑一把破伞,乘船前往苏州。当时,钱挚面色蜡黄,一边咳嗽,一边断断续续地对钱伟长说:"时世艰难,你今天能进苏州中学,机会难得,那

---

① 钱伟长:《谈四叔钱穆》,《钱伟长文集(下卷)》,上海大学出版社2013年版,第866页。

里名师荟萃,你当学点真本事,家里虽困苦,总尽力让你读完高中。你在困境中读书,更要奋发有为,莫让时间虚掷……"当时父亲的这一席话,像春雨一样滋润着钱伟长的心田。但令钱伟长没有料到的是父亲的这些嘱咐竟是遗愿,这次送别竟是永诀。10月里,父亲一病不起,享年39岁而辞世。钱伟长只能忍着巨大的悲痛在学校苦读[①]。

钱家一定要在第三代有个大学生

钱伟长考上苏州高中以后,迫于家庭的经济压力,对其日后要不要继续读大学,又成为家庭争论的焦点。钱伟长的母亲认为,儿子高中毕业后应该早日找个职业,这对家庭最合适。但钱伟长的父亲和四叔则认为他们兄弟俩,为了家庭生活都已经中断了学业,他们自己虽然也很努力,但终究只是个中学教师,自愧落后,所以立誓要把钱伟长送入大学,并要求钱伟长用功读书。钱挚非常明确地说:无论家庭多么困难,都希望儿子能成为家族中第一个大学生。他认为有苏州中学这样优越的师资条件,只要钱伟长努力学习,大学总是有希望录取的。而家庭经济虽然困难,但总是能克服困难供应钱伟长的大学学费,而且还希望能弄到助学金和奖学金。但就在这场家庭争论一个月以后,钱伟长父亲钱挚逝世。

钱伟长从苏州中学赶回荡口。丧事办完以后,家中又讨论了钱伟长读书之事。四叔钱穆认为,钱伟长必须读到大学,并当即表示由他来承担钱伟长读书到大学毕

---

① 钱伟长:《谈四叔钱穆》,《钱伟长文集(下卷)》,上海大学出版社2013年版,第866页。

1931年钱伟长高中毕业

业的一切费用。钱穆还说,哥哥钱挚生前和他讲过,钱家一定要在第三代有个大学生,这个大学生就应在钱伟长身上了。围绕着钱伟长要不要读中学、读高中、读大学,家庭不停地发生争论,必须要在孩子读书和养家糊口之间作出艰难的选择。

钱伟长的长辈们,虽然时时为生活所迫,但是因为有"为钱氏家族保留几颗读书种子"的思想,最终使钱伟长走向大学的殿堂。

1940年9月,钱伟长从上海出发,到加拿大留学。在上海登船以前,钱穆特别从苏州赶到上海为他送行,并与钱伟长在上海复旦大学读书学的大妹、那时正在上海的钱穆在清华大学的学生胡嘉生以及荡口的华澄波的侄子华燮和一起照了相,这张照片钱伟长一直保留着。

钱伟长在临上船时,钱穆又提起哥哥钱挚在世时希望钱伟长能上大学的事,说他们兄弟都没有上大学,处处被人看低,现在钱伟长不仅上了大学,而且可能是七房桥第一个出洋留学的,希望钱伟长好自为之,为七房桥钱家争气[①]。虽然当时钱伟长出国留学,心中想的已不完全是为了自己、为了家庭,而是为了国家,是想学科学、走科学救国的道路。但是他还是为四叔专程赶到上海为自己送行、为七房桥钱家出了个留洋学生喜不自禁、为对自己再三叮咛的拳拳之心与殷殷之情而感动不已。

钱穆要求儿女赓续家风,认真读书做学问

钱穆有三个儿子、两个女儿,即长子钱拙、次子钱行、

---

① 钱伟长:《怀念钱穆先叔——钱穆宾四先叔逝世十周年忆养育之恩》,《钱伟长文集(下卷)》,上海大学出版社2013年版,第1268页。

第四章 钱伟长的家风

三子钱逊与长女钱易、次女钱辉。钱穆在大陆时,忙于工作,又不与家人住在一起,与妻子和孩子聚少离多。离开大陆以后,很长时间与家人音信中断。大陆改革开放以后,钱穆才与家人恢复了联系。钱穆无论是在与子女鱼雁往来还是见面之时,最关心的就是子女们能不能赓续家风,认真读书做学问。

1940年6月,钱伟长赴加拿大留学前与亲属留影(前排左起大妹钱舒秀、四叔钱穆、钱伟长;后排左起胡嘉生、华媃和)

1980年8月,钱穆的三子钱逊和次女钱辉一行四人,在香港见到了分别三十多年的父亲。钱穆见到子女们很是高兴,一个劲地询问每个人的经历、生活与读书情况。当他知道儿子、女儿都是小学、中学、大学教师时,十分高兴,连声说"很好,很好"。当他知道自己的十个孙子和外孙都在重点中学和重点大学读书时,更是眉开眼笑。当大家谈到一家人曾遭遇过的艰难困苦,钱穆唏嘘地说:"吃点苦没什么,我希望你们做一个中国人,用功读书做学问。"[①]

1981年,长女钱易在香港与父亲久别后第一次重逢,钱穆还是叮嘱女儿"用功读书做学问"。

古典文学是我钱氏家风

钱伟长的侄女钱婉约在北京大学读的是中文系古典文献专业,钱穆知道后,体察到大陆文化风气的变化,非常高兴。他在给孙女钱婉约的信中,勉励她要好好用功,

---

① 钱行:《父亲钱穆夕照情浓》,载《上海滩》1994年第4期。

还说:"我在小学教书时,全国上下正提倡新文学,轻视古典文献,我独不为摇惑,潜修苦学,幸得小有成就。……读行儿信,我心亦甚为激动,极盼婉约能学有所成,不负我之想望。"①

钱穆在给钱婉约的另一封信中,说:"婉约孙儿:你的来信已收到,知道你考进北京大学,而且有志研习中国古典文学,那是我十分喜欢的事。不论你此后成就如何,至少古典文学是我钱氏家风,你能承继,使家风不歇,那使我不喜欢? 可惜的是我不在家,不能常亲切详尽地指点你、领导你,使你能突飞猛进……"②在这封信中,钱穆明确向孙女提出"古典文学是我钱氏家风,你能承继,使家风不歇,那使我不喜欢?"

自学也可成才

钱挚、钱穆都盼望家中能出一个正儿八经的大学生,弥补他们自己因为承担养家糊口之责被迫中断学习的遗憾。但是,对于家中的书香承继,他们又不唯学历是重,而是将自学苦读也视作赓续读书家风的重要门径。

钱慈明是钱伟长六叔钱艺的儿子,即钱伟长的堂弟。当时他们一家居住在苏州。1946年,钱慈明从纺织专科学校毕业后,一时没有找到工作,想考大学。但当时的学费昂贵,而家境清贫,负担困难。再说钱慈明的父母就这么一个儿子,也不愿儿子只身离开苏州到外地

---

① 钱婉约:《远方的山——我记忆中的祖父》,载《联合报》2015年8月1日。
② 钱婉约:《珍贵的时日,难忘的教诲》,载钱志仁、钱国平主编《无锡鸿声钱氏六院士》,无锡市历史学会2008年5月,第162页。

第四章 钱伟长的家风

去读书,于是钱艺就为儿子在锡南沈氏小学找了个教书的工作。虽然有了一份工作,但是不能去上大学,钱慈明不免彷徨苦恼。

正在这时,钱穆回到苏州家中度假,钱艺带着钱慈明去看望钱穆。钱穆知道侄子因上不了大学而陷入矛盾和苦恼以后,就开导说,他自己也就是小学教师出身,主要靠自学钻研。当初做小学教师时也常有未能进大学读书之憾。见到北京大学招生广告上规定投考者须先读章学诚的《文史通义》,他当时不能投考,仍想方设法弄到这本书以及北大教本来,既专心自学又安心任教。钱穆又对侄子说,做教师要既能教学生,又能教自己,关键是不断学习。并指出"课程可以毕业,学问不易毕业"。钱穆希望侄子不要为一时的得失而烦恼,好好教书,好好自学。最后,他又勉励钱慈明:你年纪还轻,今后有机会还是可以上大学深造的。钱穆这短短一席话,像一把钥匙,一下子解开了钱慈明郁结在心中的疙瘩。他牢记二伯父钱穆的教导,在认真教好书的同时,系统温习了各门功课,一年后便考上了江南大学。

钱伟长的儿子钱元凯,在北京四中读高中时,学习成绩非常优秀,被同学们誉为"明星级"的学生。在高考时成绩是华北地区第二名,他报考的学校是清华大学,按照高考成绩,被清华大学录取是完全没有问题的。但是由于受到当时政治风气的影响,竟受到"不予录取"的不公正对待。父亲钱伟长知道后心里很是难过,却又无力来改变这一荒唐的结果,但是钱伟长依然鼓励儿子说:"上学的机会是受人控制的,但读书与实践才是获得知识的重要课堂,在这个学校中学习的权利只掌握在你自己手中,是任何人都剥夺不了的。让学习成为一种生活的习惯,这比任何名牌大学的校徽重要得多。"[1]父亲的这番话让钱元凯走出了人生第一个泥沼而终身受益。

后来,钱元凯来到北京首钢机械厂当上了一名工人,自学了大学理工科的课程,先后获得首钢业余大学大专文凭和北京钢铁学院函授部本科文凭,被破格晋升为工程师,先后获得过冶金部的科技成果奖和首钢重大科技成果奖。后来又成为我国摄影界著名的专家。

---

[1] 曾文彪著:《校长钱伟长》,上海大学出版社2012年版,第270页。

第二节　以礼治家　勇挑家庭重担

钱伟长祖父钱承沛的岳父蔡老先生当年曾对女婿家作过评价，称："诗礼之家，不计贫富。我极愿吾女往，犹得稍知礼。"这个评价是很确切的。钱家到了钱承沛一代，家庭经济状况确实大不如前，但是家庭成员甘于清贫、持家守礼的传统依然保留着。

往来酬酢，皆守礼节

钱承沛虽然是乡间的一名穷书生，但他以文行忠信而受到社会普遍尊崇，"与亲族交游间，语不及私。往来酬酢，皆守礼节，绝不奢纵，亦不示人以贫窭穷迫相。他人亦绝少知余家之经济实况"[①]。有一天，钱承沛的侄子在路上与一个不相识的人讲话，说："外人都知家叔父为人，却不问家叔父阖家生活。"侄子讲的话后来传到了钱承沛耳朵里，钱承沛很重视，他专门把长子钱挚和这位侄子叫

[①] 钱穆：《八十忆双亲　师友杂忆》，生活・读书・新知三联书店2021年版，第28页。

到跟前,严肃地告诫他们:"生活各家不同,非年轻人所当过问,更不宜与外人道之。"[①] 钱伟长的祖母蔡氏深受丈夫的影响,在日常生活中,常有亲戚族人往来,无论是在饭桌上还是在闲谈中,也绝不谈到家中经济情况,不会为博得亲族同情而"卖惨",示人以贫窘穷迫相。

"治家为人之不可及"

光绪三十二年(1906),钱承沛去世,蔡氏带全家从荡口镇的大场上北面的一座向北小楼搬迁到后仓滨果育小学的隔壁。这一年的除夕,午饭后,钱伟长的父亲钱挚奉母亲命,到七房桥领取义庄的钱米。当时,钱挚的二弟也就是钱伟长的六叔钱艺正患疟疾,寒热交作,拥被而卧,蔡氏在房中护视着他,而钱挚的三弟,即钱伟长的八叔钱文则依偎在蔡氏身旁,钱穆则独坐在大门槛上,守候着哥哥钱挚。一家人焦急地等待着钱挚领钱米回家过年。这时,近邻各家,香烟缭绕,爆竹喧腾。只有钱穆一家室无灯、灶无火,没有一点过年迎新的光景。邻家有对夫妇,徽州人,见状很是同情,便前来邀请蔡氏全家到他家一起吃年夜饭,被蔡氏婉言谢绝了。但这对夫妇还是热情相邀,蔡氏这才说:"我不是不领君夫妇之情。我们一定要等待长子回来,准备香烛,先举行祭拜祖宗仪式后,才能够进食。"全家人一直等到暮霭已深,才见钱挚踉踉跄跄回家,接着又上街置办香烛祭品等物。回家以后,全家在母亲蔡氏率领之下,循礼完成祭拜祖先的仪式,这才聚

---

① 钱穆:《八十忆双亲 师友杂忆》,生活·读书·新知三联书店2021年版,第28页。

在一起草草地吃了这顿年夜饭,而这时已差不多深夜了。而盛情邀请蔡氏一家同吃年夜饭的邻家这对徽州籍夫妇,亲眼看到了钱家这一幕,他们经常以此感叹,称钱伟长祖母蔡氏"治家为人之不可及"[①]。

家贫急谋自立　勇挑家庭重担

钱伟长家族,从其祖父钱承沛算起,三代才出现钱伟长一个大学生。论才学,钱伟长的父亲钱挚、四叔钱穆,完全可以考上大学,但是为了挑起家庭的经济重担,钱挚和钱穆都不得不放弃了继续深造的机会。

钱挚和钱穆在荡口镇果育小学上了不到一年学,就由荡口义庄将钱挚、钱穆和其他15名学生一起保送的常州中学上学,一切费用也都由义庄负责。钱挚考入的是师范班,钱穆考入的是中学班。师范班读一年即可毕业,全班同学有40人,年龄大多在30岁以上,其中甚至有抱孙为祖父者。而当时钱挚只有19岁,他貌秀神俊,聪慧有礼,学校就任命他为班长。当时校长觉得钱挚如此优秀,年纪又轻,怎么报考了师范班,就把他找来,询问道:"汝尚年轻,当求深造,为何投考师范班?"钱挚据实以告,说自己"上有慈母,下有诸弟,家贫急谋自立"。校长听了很是感动,也很同情,经过研究,以学校的名义,特令钱挚担任理化实验室管理员,按月给奖学金一份。第二年,钱挚以考试第一名的成绩毕业。其他同学都争先恐后地争取各种教职,但钱挚表示愿意回到家中,一方面侍奉母亲,

---

[①] 钱穆:《八十忆双亲　师友杂忆》,生活·读书·新知三联书店2021年版,第29—30页。

另一方面想致力桑梓,为家乡造福。于是,举家从荡口镇迁回七房桥。在钱挚的呼吁和努力下,由钱氏家族三个义庄共同斥资,创立小学校一所,取名又新,任命钱挚为校长。另外又聘了两名教师,一为钱挚父亲钱承沛的学生,一为钱挚读师范的同学[①]。这样,钱挚作为长子,挑起了家庭重担。钱伟长的四叔钱穆在常州中学毕业后也放弃了继续深造的机会,先后在三兼、鸿模、县立四小和后宅小学任教,与哥哥一起分挑家庭重担。钱伟长的父亲钱挚英年早逝,四叔钱穆继承哥哥遗志,独立挑起家庭重担。他除了以自己微薄的薪水每月供给大嫂即钱伟长母亲六元作家用补助外,还独立承担了钱伟长在苏州中学读书的学费、书杂费和生活开支等一切费用。后来,钱伟长考上清华大学,实现了父亲钱挚和四叔钱穆的夙愿。钱伟长临北上之时,穿着一件竹布长衫,衣衫单薄,天气渐寒,四婶母在灯下专为他缝制寒衣。钱伟长在清华大学读书的生活费也全由钱穆提供。而钱穆经年对钱伟长一家不中断的接济,他自己从未在侄子钱伟长面前有任何流露。

---

① 钱穆:《八十忆双亲 师友杂忆》,生活·读书·新知三联书店2021年版,第31页。

第三节　热心公益　造福桑梓

钱伟长一家,作为乡间的知识分子,都能爱乡爱家,心系桑梓,热心公益而又有担待,深得同族和乡里乡亲的爱戴和尊重。

钱伟长祖上的乐善好施,赈人以急

据《钱氏宗谱》记载,钱伟长祖上,钱镠第二十七世钱世德(1683—1766),"自奉省约,惠推乡里,独立重建夏莲石桥,行人颂德焉"。

第二十八世钱溥(1722—1806),在清乾隆乙巳年(1785)"以助赈奉旨饬县给匾旌奖"。

第二十九世钱邵霖(1761—1846),即五世同堂堂主,"弱冠入泮,七试江南省闱不售,遂不复应试。居家教子弟以孝悌忠信为本,不尚文饰。年未六十,以家事付子操持。平生乐善好施,赒人之急。夫妇同志相济。每冬令预备棉衣,以授寒者。岁暮则访困穷之家,密赠以米物,不使人知也。道光癸未、癸巳水灾,命子若孙捐赀赈济,又出粟减价平粜。庚子又水,无锡、青城等乡圩岸溃决,官长劝捐赈济,则命子孙捐赀赈本图,并协济圩图。其他施棺施药,掩埋暴露诸善举,莫不出赀赞成之"[①],因而深为乡里所敬。在嘉庆甲戌年(1814)"以助赈奉旨钦赐县丞职,例授修职郎"。

第三十二世钱珏(1832—1868),即鞠如公,在咸丰甲寅年(1854)"以助赈恩赐九品职"。

藏于无锡七房桥钱穆钱伟长故居的《五世同堂录》

为邻里乡亲排难解纷,主持正义

钱伟长的祖父钱承沛,为秀才,曾设私塾谋生。他虽手无缚鸡之力,但为人仗义,敢于直言,肯为邻里乡亲排难解纷,主持正义,因而为乡邻所敬重。

钱承沛每天早晨有上茶馆的习惯。在茶馆里,他可以得到社会上传闻的各种信息,有时也可以看到上海出版的报纸。由于钱承沛有文化、有见地,并且办事公正、声誉好,因此,四乡产生的一些纠纷,就会在茶馆内由钱承沛公正解决。加上钱承沛又是秀才,在解决纠纷的过程中,如果遇到

---

① 见《五世同堂录》,现藏于无锡七房桥钱穆钱伟长故居。

难题,他可以直接找到县知事一起研究解决。那时,这个地区最普遍、最困难的问题,是佃户交不起地租,而地主交不足粮食。钱承沛就与当地深孚众望的、也是钱承沛朋友的华倩叔、华澄波、华幼帆等人一起想办法解决这个矛盾,提出了减租免税的方案。但钱承沛等人也知道这些都是权宜之计,长期下去,政府不可能总是免税,地主也不可能长期减租。因此钱承沛就经常与华倩叔、华澄波、华幼帆等在一起讨论怎样解决地租与交税之间的社会困难。

为怀海义庄事与钱氏长辈对簿公堂

七房桥阖族,有义庄三所。其中怀海义庄最先成立,规模也最大。怀海义庄是由老大房五世同堂祖先所创立的,并特建一庄屋,在七房桥之最东面。族中大的集会都在那里举行。七房桥出现贫富分化以后,五世同堂这一族因人口繁衍最多而沦为最贫穷一支,族中特多孤儿寡妇,"老死者无以葬,幼小者无以教,婚嫁之赀无所从出"。总之,许多家庭在老人赡养、孩子教育、婚姻嫁娶等方面遇到的问题一大堆。有些家庭想到外面打工就业,也拿不出盘缠路费。而怀海义庄的产业资财,一向是由富裕的老三房轮流掌管,五世同堂的家庭不得过问。

钱承沛自己是贫苦孤儿出身,特别同情怜悯同宅之中的孤儿寡妇。他想到,先祖设置这个义庄,目的是为后代子孙救灾恤贫,而现在眼看着义庄庄业一天比一天好,而生活在这个庄中的族人生活状况却一天不如一天,在这样的情形之下,义庄理当开放,认真做好恤贫拯抚等救济工作。带着这个想法,钱承沛就去找了富三房中义庄的经管者。但是义庄经管者对钱承沛所列举的族内老弱孤寡贫困无依等现象毫不同情,尽管钱承沛多次上门陈述申请,但屡次遭到拒绝。无奈之下,生性刚直的钱承沛就投诉于无锡县署,将怀海义庄告到县衙,而义庄的经管者则联合钱族中的富三房抗诉,形成了七房桥钱氏同族之间的官司对决。

从七房桥到县城,有数十里之遥。为了应对诉讼,富三房的人都自备玻璃大舱船,舱中还可供卧坐,后舱还可供烹调。而徒步前往,身体健者,也需半日方可抵达。钱承沛一向体弱,但他每到县衙一次,都是清晨即起程,直到下午三时左右才抵达,到了县署,人已疲惫不堪。无锡知县看了钱承沛的状辞,深感其理充分,但同时也怀疑钱承沛是不是年轻好事。而代表义庄的三个抗辩者,都是钱承沛的伯父、叔父辈,年岁都要比钱承沛大一倍以上,并且长袖善舞,惯于官场应酬。县官左右为难,权衡再三,判嘱双方回乡自求和解。

几个月以后,此案再次开堂涉讼。富三房负责抗辩的钱氏诸伯父、叔父,毕竟也是读书人,他们既被钱承沛为同族孤寡弱小者仗义执言的精神志节所感动,又对钱承沛家贫和体弱深表同情,于是每次到县署,都主动邀请钱承沛同船而往,到了县城,也同住一起。为了此次诉讼,双方往返县署达四次之多。

无锡县知事非常了解和赞赏钱承沛之为人,一天,他召钱承沛一人到县署私谈。县知事对钱承沛说:"屡读君状辞,情理兼到,辩而不掩其诚。今当悉听君言,义庄判归五世同堂管理,如何?"[①]这表明,经过几个月的

---

① 钱穆:《八十忆双亲　师友杂忆》,生活·读书·新知三联书店2021年版,第15页。

诉讼往来,县知事即将宣判此案,并且将判钱承沛胜诉。他在宣判前特召钱承沛私议,是看中了钱承沛的为人和能力,因此,他向钱承沛提出,想将义庄判给由五世同堂管理,具体则由钱承沛掌管。但钱承沛立即加以拒绝,他回答说:"某在一房中,年岁最幼,辈分最低,更不当任此职。"他诚恳地对县知事建议:怀海义庄"仍由三房管理,唯盼另择一人,俾便改弦更张,使五世同堂一房孤寡得免饥寒。"①对于这个人选,钱承沛提出,他建议由二房的一位叔父承担。这位叔父为人恬澹静让,钱承沛就是看中了这位叔父的这种性格,所以竭力推荐了他。这次县署私谈,使县知事更加了解钱承沛打这场官司的真实想法和急公好义的品格。他欣然同意了钱承沛的看法和建议。

第二天,县知事将诉讼双方四人都召集在一起,说:"同族久讼不决,此大不宜。今有一策,可悉遵两方之意。"接着,他说出了自己的意见:义庄仍由三房轮流掌管,根据起诉方的意见,义庄再另选择一位新的管理人,以便制定一些新的措施,并且建议这个新的管理者为二房的一位叔父,也正是代表义庄抗辩的三个人中的一个。县知事指着这位叔父,希望他能接受这一安排。这位叔父当场表态,说:"长官为敝族事如此操心,某虽不胜任,归后当与起诉方再熟商之。庶以报长官之诚意。"②由钱承沛为原告起诉的这场长达几个月的诉讼案就这样解决了。

---

① 钱穆:《八十忆双亲　师友杂忆》,生活·读书·新知三联书店2021年版,第16页。
② 钱穆:《八十忆双亲　师友杂忆》,生活·读书·新知三联书店2021年版,第16页。

回来以后,二房的这位叔父果然如钱承沛所料,很好地履行起职责。他找到钱承沛,要钱承沛为义庄抚恤救济等事宜制定一份详细条款,并且说:"当一如君意,交义庄新聘账房照办。经过这次改革,五世同堂一宅的老小,'幼有养,老有归,皆得赖祖宗庇荫,粗衣淡食无忧,一宅欣然'。"①

通过这样的改革,义庄的资产并没有损失减少。富三房的长辈,对钱承沛所定各项条款,也都心悦诚服地接受。

古道热肠,胆识兼具

钱承沛在为乡亲排难请命的过程中,除了古道热肠外,还胆识兼具。义庄开始对七房桥贫困者施以恤助钱米不久,又出现了新的问题。一些受恤家人和人员,纷纷来到钱承沛处诉苦告状,称所获救济米粮,俱为劣品,所做饭食几乎不可下咽。接到投诉后,钱承沛没有立即声张,而是嘱人取来样米,取出两包藏在衣袋中,来到义庄。负责发放恤米的义庄账房见钱承沛到来,赶忙倒茶接待并陪坐。钱承沛故意拖延时间与账房寒暄聊天,账房遂留钱承沛午膳。饭桌上,钱承沛拿出所携两包米样,与桌上所食之米饭相比,发现义庄所发放的恤米,与账房日常所食之米,"精粗之差,何啻天壤"。账房知道自己发放劣质恤米之事已经被钱承沛查清,只得低头认罪,并表示立即改正。从此,那些接受义庄救济的诸孤寡都吃上了白米饭。

---

① 钱穆:《八十忆双亲 师友杂忆》,生活·读书·新知三联书店2021年版,第16页。

钱承沛敢于为乡亲请命,排纷解难,有胆有识,尽力于族中及乡间事,名声很大,四乡八邻遇到难解之事也慕名而来。钱承沛一家迁居荡口镇以后,一天傍晚,全家刚吃过晚饭,忽然有对母子找上门来,只见他们头戴白帽、身着白衫裤,一进门就长跪于钱承沛跟前不起。一问,才知道这对母子也为钱姓,居住在距荡口数十里之外的长洲县一小村。其家本为村中首富,母亲新寡,所携子为螟蛉子。村中同族嫉其富,欲赶走这一螟蛉子,还强要这新寡之妇另嗣一子。而强要其另嗣这一子已成婚并也有子,根本不可能奉嗣母同居,但家产却要这所谓嗣子掌管。这分明是要谋夺新寡之妇的家产。这位母亲家中只有孤寡两人,无以为抗。正无计之时,有邻人给母子两人出主意,说无锡县有同宗钱承沛,"其人秉正仗义,排难解纷,名闻遐迩",力劝母子求援于钱承沛。母子一听,即携家中珍细三箱,雇一小船,深夜离村,来到荡口,寻到钱承沛家。这才有了前面所介绍的那一幕。

钱承沛听了母子两人的叙说,便为他们出谋划策。但是钱承沛又严肃地提出,他们所携的三箱珍细,决不能放在自己家中,必须寄放他处,他才肯为他们提供帮助,并建议母子应乘夜移舟到镇上某绅士家,求其寄存这三个箱子。只有这件事办妥了,他才允许这对母子再来找他。这就是钱承沛思虑缜密之处。古道热肠固然可敬,但也要时刻防患于未然,力避"瓜田李下"之嫌。后来,在钱承沛的谋划和帮助之下,这位寡妇保住家业,螟蛉子也留在了身边,她又分了一部分家产给那个年纪稍长的嗣子。并根据钱承沛的提议,用家产在族中兴一善举。

后来,钱承沛因病去世,这对母子闻讯后竟披麻戴孝,到家中拜祭。以后,又多次远道来家殷勤探望,直到钱家迁返七房桥为止。

"不啻为族长,又兼为乡绅"

钱承沛热心桑梓,甘为乡邻亲族呼号奔走,在乡间具有崇高的威信和巨大的号召力。五世同堂各家,事不论大小,皆来就商于钱承沛,往往得钱承沛一句话就能解决难题,一扫往日涣散之情。而富三房中,凡遇到族中事,也一定要邀请钱承沛商量求计。事急之时,直接到钱承沛家中,请钱承沛拿主意解决。时间一长,七房桥四围乡间诸事,几乎全待钱承沛主断。其实当时钱承沛年龄30岁还没有到,但在乡人眼中,钱承沛"不啻为族长,又兼为乡绅"[①],也就是说,当时钱承沛在族中,虽然还只是个晚辈,但以他的秉性、能力,已是实际上的族长,是大家公认的受人尊崇的乡贤。

钱挚、钱穆兄弟组织团练保卫家乡

钱承沛急公好义、不谋私利的品行和作风,给孩子们树立了好榜样,深刻地影响了钱挚、钱穆等兄弟。他们同样像父亲那样热心公益,尽力于桑梓。辛亥革命爆发以后,七房桥办团练自卫,手无缚鸡之力的一介书生钱挚勇敢地出任队长,钱家诸位伯父、叔父皆为队员,服从钱挚指挥。钱挚还与一叔父专程到去上海购得后

---

① 钱穆:《八十忆双亲 师友杂忆》,生活·读书·新知三联书店2021年版,第17页。

膛枪数十支。回来后,又任命同样手无缚鸡之力的一介书生弟弟钱穆为教官。在钱挚、钱穆兄弟俩的指挥、教导下,族中诸位伯父、叔父列队兵操。一会立正,一会稍息,很认真地听取钱穆的口听。自卫队又聘请了一名拳师教拳击刀棒。每天晚上,根据值日安排,大家分班轮流在村子四围站岗。钱挚、钱穆则不时带着年长的诸伯叔父逐岗巡视。自卫队又与其他各村的自卫队联络,一切尽由钱挚指挥。当时,钱挚年龄只有23岁,钱穆则年17岁。但兄弟俩在族中和四乡,都已经有着声誉和威信[1]。

家风正,口碑好

钱挚和钱穆都是乡间教师,他们教课严格而又认真,深受学生们的爱戴。那一年,素书堂失火,全家无法再在七房桥住下去了,经过商量决定再次举家搬迁到荡口。钱穆连夜回荡口寻找住房。到了荡口,他将此事说给了他的学生听,结果不到一天,就有好几个学生提供了各种信息,他一处一处地去看了一遍。最后在镇南找到了一个合适的宅院。这里过去是一个大家庭居住,现在大部分人都去了上海,居住在这个大宅院里的只有一位老太太和她的小孙子,这小孙子也是钱穆的学生。

这位老太太为什么这么爽快地答应将宅院让给钱家住,除了小孙子是钱穆的学生这层关系以外,还在于这位老太太知道钱穆是个有才有德的好教师,又从她上

---

[1] 钱穆:《八十忆双亲 师友杂忆》,生活·读书·新知三联书店2021年版,第32—33页。

海的儿子那儿晓得钱伟长的祖父钱承沛和父亲钱挚的为人,深知这一家子家风正、口碑好,老太太也很想与钱伟长祖母蔡氏那样的人做伴。所以,老太太还特地叮嘱,这个院子让钱家住,房权是她家的,但不收费,算作为她家看房子[①]。

---

① 钱伟长:《怀念钱穆先叔——钱穆宾四先叔逝世十周年忆养育之恩》,《钱伟长文集(下卷)》,上海大学出版社2013年版,第1257页。

第四节　家和致祥　其乐融融

俗话说"家和万事兴"。钱伟长一家的生活虽然清寒,但家庭中的人际关系和谐,可以说家和致祥、其乐融融。

举案齐眉,棠棣情深

钱伟长的祖父钱承沛和祖母蔡氏,自结缡以来,温温相守二十六年,夫妇俩举案齐眉,琴瑟和鸣。虽然家境清寒,但夫妻同心,钱承沛为乡邻事常常奔忙于外,而妻蔡氏侍奉婆婆,抚养孩子忙于内。闺门之中,无论何时,夫妻相敬如宾,绝不闻有小争吵。夫妻俩又都各疼爱其子女[①]。钱承沛生有四个儿子,即钱挚、钱穆、钱艺、钱文。兄弟怡怡,感情弥笃。兄弟联芳,棠棣竞秀。钱挚表字声一,钱穆表字宾四,都由父亲钱承沛所定;钱艺字漱六,钱文字起八,则由钱挚所定,也就是长兄为幼弟起表字,

---

① 钱穆:《八十忆双亲　师友杂忆》,生活·读书·新知三联书店2021年版,第26页。

体现了家中兄弟之间的和睦关系和长兄代父负起教育幼弟的责任。1913年钱伟长出生,作为家中的长孙,按例应该由父亲钱挚来取名字,但钱挚和四弟钱穆互相谦让,最终由钱穆代兄为侄子取名伟长。钱伟长的名字也自有来历。东汉时期,"建安七子"中有一徐干,字伟长,是杰出的文学家、哲学家,他自幼勤奋好学,15岁之前就已"诵文数十万言"。虽生活困苦,但"潜身穷巷,颐志保真",专志于学,时以诗、辞赋、政论著称。他的《中论》对历朝历代的统治者和文化学者都具有深远影响。钱穆为侄子取名伟长当然藏有深意,有寓见贤思齐的景仰之意。而通过钱挚、钱穆昆仲为钱伟长取名时的互相谦让,又可以看出他们之间的棠棣情深。

钱承沛临终前,将六子钱艺、八子钱文接受家庭教育的任务交给钱挚、钱穆兄弟。钱挚、钱穆牢记父亲遗命,很好地承担起教育幼弟的责任。

别开生面的家庭音乐会

钱伟长一家都是音乐爱好者。每逢寒暑假,钱伟长的父亲和叔父们相继回家,钱伟长就在琴棋书画的文化环境中享受华夏文化的陶冶。

父亲钱挚能吹拉弹唱,会多种乐器,尤擅长笙和琵琶,又能指挥锣鼓,每逢春节,鸿议堂的喧天锣鼓,都是由钱挚指挥的;四叔钱穆长于箫和笛;六叔钱艺也能演奏几种乐器;八叔钱文是拉二胡的好手。寒暑假期间,晚饭以后,兄弟合奏。在太湖之滨的乡间村舍,江南丝竹悠扬悦耳,在明月的清辉映照下,时而高山流水,时而百鸟和鸣,大弦嘈嘈,小弦切切,委婉动人。幼年的钱伟长在一旁也兴致勃勃地敲着盆碗起拍子。这种家庭音乐会别开生面,其乐融融。他们合奏时,钱伟长的祖母、母亲、婶母和弟妹都围坐欣赏,老祖母会情不自禁地在一旁打拍子。每次家庭音乐会一开,七房桥上自祖辈,下至童稚,旁及左邻右舍,也都怀着喜悦的心情围坐四周观看欣赏。

钱伟长的父亲和四叔、六叔、八叔,俱为乡村知识分子,却都喜欢丝竹,精于音乐,这和家庭环境大有关系。在啸傲泾西面有一座桥名丁家桥,桥北有一村名丁家村,为七房桥乐户,袭明代旧制。世世代代习昆曲锣鼓,歌唱吹打。每一家有红白之事,就集中而来。遇到喜庆大事,就在宅前大厅搭台唱昆曲,打锣鼓。有时搭一座台,有时还分在两处搭台演出。一般演出白天连晚上整整一日夜,有时竟连演三日三夜。钱挚、钱穆兄弟俩少时经常在台下观看演出,深受影响。到了成年以后,成为一种艺术爱好,并且把这种爱好又影响和传给了两个弟弟,成就了钱氏这个独特的音乐之家。

这样的音乐活动,增加了钱伟长的乐感与节奏感。长大后,由于专业工作和社会活动过重,钱伟长并无过多时间参加音乐欣赏活动,但这并不妨碍他成为音乐爱好者。2006年3月,著名钢琴家刘诗昆及香港《大公报》音乐栏目记者采访钱伟长,他说:"现在我的眼睛耳朵都不行了,但仍喜欢音乐艺术。我们学校有美术学院,但没有音乐学院,我希望能成立音乐学院。"[1]

2000年12月,当钱伟长得知上海市第三女子中学管

---

[1] 曾文彪:《校长钱伟长》,上海大学出版社2012年版,第162页。

弦乐团已经成立十周年并将举办"世纪和音"音乐会的消息,还专门让人代表上海大学和他本人发去了贺信。2013年6月2日,上海大学音乐学院正式揭牌成立,实现了钱伟长老校长的夙愿。

为父亲、叔父下围棋打擂台记胜负账

在钱伟长家中,还有一项让少年钱伟长着迷的活动,那就是围棋。钱伟长的父亲和四叔、六叔、八叔都精于此道,谁也不服谁,经常相互打擂台,每到此时,钱伟长就兴奋无比,成为最热忱的观战者,同时也负责记胜负账。父亲和叔父们每每比赛之后,都要复盘摆棋谱,他们家中藏有《海昌二妙集》等各种棋谱。当学校开学父亲和叔父返校教书以后,小小年纪的钱伟长就在家中试着摆棋谱,但是他自知自己水平有限,从来不敢与父亲、叔父们对局。不过后来钱伟长在小学、中学、大学中多次参加校内围棋比赛,就靠家中培养的这点底子,居然也能取得冠军。就此,围棋就成为钱伟长终身的业余爱好。

通过观看父亲、叔父下棋、摆棋谱,使钱伟长慢慢悟出了围棋的奥妙,看懂了围棋黑白两方究竟斗的是什么。对此,钱伟长曾经在回忆中提到这段经历,他说:围棋"斗的不是简单地吃掉几个子,甚至是杀掉一块棋,斗的是全局。要想取得全局胜利,一定要顾大局,一定要占先,让对方跟着你走。看棋到真的看懂时,是对看棋人的品格锻炼最重要的时候,因为这时很容易站在输方,甚至指手画脚,让输方按你的想法走下去。我在父叔等人下围棋时看棋,就不会进入这种发疯的场面,我在看棋中得到很好的训练"①。

家庭晒书活动的积极参加者

每年的农历六月六日,在江南的民间有"晒书"活动。其起源之一是说清康熙年间,学者朱彝尊在六月初六这一天袒露肚胸晒太阳,谓之"晒书",遂演变成民间节日"晒书节",成为江南苏锡常地区的一项民俗活动。其实,江南农历六月前后,正值梅雨季节,等梅雨季节过去后,逢到好天气,读书人家会将家中书画搬到阳光下曝晒,以防霉烂和虫蛀。清代文士顾禄的《清嘉录》卷六中有"晒书"条,称:"六日,故事:人家曝书籍图画于庭,云蠹鱼不生。"书中还引用同朝书画家、藏书家潘奕隽的《六月六日晒书》诗:"三伏乘朝爽,闲庭散旧编。如游千载上,与结半生缘。读喜年非耋,题惊岁又迁。呼儿勤检点,家世只青毡。"②所谓"青毡",是指清寒贫苦。潘奕隽在诗中描绘了一个贫寒的读书人家,长辈带领子女晒书的情景。钱伟长一家,也正是这样的"青毡"之家,家无长物,唯有书香。到了六月六日,自然不能免俗地进行晒书和收书。

这样的活动,给垂髫之龄的钱伟长带来欢乐,给他留下终生难忘的记忆。他在《八十自述》中回忆幼年的乡村生活时说:"父亲和四叔陶醉于中国文化和历史,用薪资节省下来的钱购藏了四部备要和二十四史,以及欧美名著译本,夏天每年三天晒书和收书活动,我是最积

---

① 钱伟长:《怀念钱穆先叔——钱穆宾四先叔逝世十周年忆养育之恩》,《钱伟长文集(下卷)》,上海大学出版社2013年版,第1256页。
② 顾禄:《清嘉录》,江苏凤凰文艺出版社2019年版,第187页。

极的参与者,从这些活动中,增长了我对祖国浩瀚文化的崇仰。"①

钱伟长的家风,给了钱伟长以极好的生长环境。他晚年谈到自己的家风,称:"融乐的家庭及长辈的楷模,启迪着像我这样的年轻人,懂得要洁身自好,刻苦自励,胸怀坦荡,积极求知,安贫正派。在进入正规学校前,就得到家庭教育的良好培养。"②

---

① 钱伟长:《八十自述》,《钱伟长文集(下卷)》,上海大学出版社2013年版,第968页。
② 钱伟长:《八十自述》,《钱伟长文集(下卷)》,上海大学出版社2013年版,第969页。

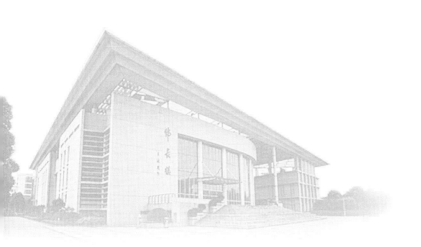

第五章　英才辈出　兰桂腾芳

在中国古代家庭中，培养出一大批杰出的英才。这些英才中，有父子、兄弟、叔侄等，在由明代程登吉原编、清代邹圣脉增补的《幼学故事琼林》这本蒙学读物中，用格言警句的方式对这些英才加以记载和介绍。如称誉汉代的石奋、石建父子，为"父子俱贤，曰是父是子"；称誉宋代王铨、王锡兄弟，则为"玉昆金友，羡兄弟俱贤"；介绍晋朝竹林七贤中阮籍、阮咸叔侄，则为"竹林叔侄之称"，称叔侄曰"贤竹林"。《幼学故事琼林》中的这些"是父是子""玉昆金友""竹林叔侄"等说法，明清以降，随着蒙学读物的普及，在民间耳熟能详。将这些带着美誉度的话，用在钱挚、钱伟长父子和钱挚、钱穆兄弟及钱穆、钱伟长叔侄身上，都是不过誉的。从钱伟长的父亲钱挚、叔父钱穆，到钱伟长本人、钱穆之女儿钱易，再到钱伟长之子钱元凯、钱行之女钱婉约，可以说是英才辈出，兰桂腾芳。

第一节　玉昆金友　兄弟俱贤

钱挚、钱穆昆仲,一为钱伟长的父亲,一为钱伟长的四叔,作为钱伟长的父辈,堪称钱氏"玉昆金友"。

钱挚——无锡地方教育家

钱挚,幼年家贫,由其父钱承沛开蒙,为其讲解《国朝先正事略》等应试书籍。在七房桥进家塾受教。1905年,入荡口由华鸿模创办的果育小学,读四年级。1908年,以优异成绩考入常州府中学堂师范班。其"貌秀神俊,聪慧有礼",被学校任命为班长,各科成绩都名列前茅。但为了养家,挑起家庭经济重担,不得不放弃到南京高等师范学堂进一步深造的机会,于1909年师范期满,以各科考试第一名的成绩毕业后回到家乡七房桥。

钱挚回到家乡后,在七房桥创办私立又新小学(因校舍设在七房桥又新堂中,故名),并任校长。后因又新堂失火,学校迁至怀海义庄。

又新小学在无锡地区是一所开办比较早的新式学堂,全校设两个班级,收学生60余名,又聘请了两位老师。

第五章 英才辈出 兰桂腾芳

钱挚以新的教学理念、教学内容、教学方式办学，使又新小学很快为人瞩目，钱挚在当地的教育界也声名鹊起。后来，钱挚受聘到荡口鸿模小学任教。1912年，无锡教育部门按照教育部规定，在无锡全县设立五个学区，建六所高等小学。钱挚参与创办了设在梅村的第四高等小学，并和弟弟钱穆一起在这所学校任教，钱挚还被委任为该校第一任学监（即后之教务长、教导主任）并兼教国文、历史、英语、理科等课程。无锡实业家荣德生先生在无锡荣巷创立公益学校（公益中学前身），钱挚又被聘为公益学校教务长。北伐胜利后，无锡大办中学，在学前街的前县学所在地设立无锡县中，钱挚又被聘为教务主任兼舍监。在办学中，钱挚热心教育，敬业善教，在无锡教育界享有一定声誉，被公认为无锡教育家。直到今天，梅村中学（前身为无锡县立第四高等小学）还保留着1928年钱挚给当时毕业班学生的赠言："诸同学求学时面临的是相同的

2004年10月27日，钱伟长视察无锡市公益中学

课堂、课程,而毕业后各人所面对的则是千变万化的环境与际遇,但不管如何,人生最重要的是勤奋与谦让。"①

1928年11月1日,在筹建江苏省立乡村师范时,钱挚不幸因病去世,年仅40岁。

对钱挚的英年早逝,无锡教育界人士深为惋惜,于12月16日在钱挚任教过的无锡县立第四高等小学举行追悼会。此前,12月7日的《新无锡》报刊登了《为追悼钱声一先生预志》的报道,称:"本邑教育界闻人及南延、泰伯两市领袖蒋仲怀、高践四、钱子泉、薛溙舲、许少山、秦颂硕、钱孙卿、蔡虎臣、华澄波、朱梦花、华书城、荣德生、华绎之、钱伯圭、邹茂如、华茂萱、强卓人、华子唯、薛蔚孙、朱彦頵诸君,以教育家钱声一先生,服务谨敏,持躬整饬,为同事所推信。不幸于本年夏历九月二十日②逝世,年仅四十岁。子女皆幼,尚未成立。特定于阳历本月十六日(即夏历十一月初九),假梅村第四高等小学开一追悼会以申哀思。是日各有船只,泊城内学前街县初中码头,上午九时开船。各界致送祭文、诔辞及赙仪者,可送城内文化书局、荣巷民众教育院荡口小学、七房桥又新小学、梅村县四等处代收云。"

钱挚善诗,喜吟咏。他逝世以后,弟弟钱穆收集整理了他生前遗诗三百余首,编为一集付印,钱穆在《跋吾兄声一诗选》中称:"吾兄声一,教授之暇每好吟咏,兄弟友朋感时伤国,一一皆自肺腑中出。""往者余兄弟同校,有作辄相唱和。"可惜钱穆所编的这本诗集现已佚。如

---

① 陈佑庄:《江苏省梅村高级中学90年育英才》,载《光明日报》2003年9月12日。
② 即公元1928年11月1日。

今保存着的1920年出版的《无锡县立第四高等小学校校刊》上,有钱挚《课余杂咏(九首)》。经刘桂秋不辞辛苦地着意搜求,还发现了钱挚数首佚诗,如《深秋野兴次韵宾四大弟之作》:"晚向西郊望远螺,西风黄叶又蹉跎。钟声野岸僧归寺,人影斜阳农割禾。三径荒寒新梦境,十年灯火旧书巢。持螯莫负渊明菊,世昧秋云薄似罗。"[①]又如《秋郊和宾四大弟》:"疲马残阳渡,西风无限情。一谷秋水碧,两岸夕枫明。野戍砧声苦,寒沙雁影横。多愁兼病酒,诗意不能平。"[②]

1954年,由钱挚的儿子、科学家钱伟长和他的学生林鸿荪、胡海昌、叶开沅共同署名的科学论文《弹性圆薄板大挠度问题》发表,这篇论文总结了钱伟长自1948年以来从事的科研工作,也是国际上第一次成功利用系统摄动法处理非线性方程的论文。1956年,国家公布的第一批科学奖金获得者的成果和名字,《弹性圆薄板大挠度问题》和钱伟长等作者的名字都榜上有名。在讨论如何分配这笔奖金的时候,正好钱伟长的夫人孔祥瑛接到钱伟长的堂弟钱克耀的求援信。原来钱克耀当时正在家乡七房桥又新小学任教,这所是由钱伟长的父亲钱挚创建并担任第一任校长的学校,经过四十多年的风雨,已经破败不堪,难以继续开课。为此,村干部通过钱克耀试着给钱伟长写来了这封求援信。钱伟长从妻子手里接过这封信,看过以后,当即与他的几个学生商量,最后一致同意,将这笔科学奖金捐给又新小学,用于改善办学条件。钱伟长等义献科学奖

---

① 原载《新无锡》1917年10月6日。
② 原载《新无锡》1917年10月14日。

金,用于资助当年由他父亲钱挚亲手创建的又新小学,成为钱伟长家乡教育史上的一段佳话[①]。

2003年7月,钱伟长应邀为庆贺无锡梅村中学成立九十周年而编成的《桃李芳香》作序,在序中,钱伟长饱含深情地说:"欣闻家乡无锡梅村中学90校庆,可喜可贺。梅中是家乡的一所名校,我虽未曾就读于其间,但与梅中却有很深的渊源。家父钱声一,是县四(梅中前身)的创始人之一。他曾担任教务主任,兼教国文、历史、英语、理科等。他从常州府中学堂师范毕业后,在家乡办学,后又至荡口、后宅、梅村、荣巷、县中等地办学并任教,颇有声望。1928年,他担任无锡乡村师范学校校长,10月因病逝世,年仅40岁。"[②]钱伟长的这段话,既是对父亲的深切怀念,也实事求是地对钱挚为家乡的教育事业作出的贡献作出了高度评价。

10月2日,庆祝梅村中学建校九十周年庆典活动在校园内隆重举行,钱伟长应邀来到梅村中学参加活动。庆典活动的内容之一,是为当年创建梅村中学作出杰出贡献的数位前贤的塑像揭幕,其中包括钱伟长的父亲钱挚、四叔钱穆。根据安排,钱穆的塑像由钱伟长揭幕。当揭幕仪式完成后,钱伟长"在看到父亲钱声一的雕像时,表情有些复杂,虽然还保持着笑容,但是目光盯着雕像,神情有些激动,眼睛微微湿润。他转过身来,问在场的主持人说:'我能不能为我爸爸的雕像揭一次幕?'表情的

---

① 钱维均、钱新伟:《钱伟长义献科学奖金》,载顾建明、钱维均、钱新伟、虞道德编著《梦萦古皇山——纪念钱伟长诞生110周年》,2023年5月,第16—17页。
② 钱伟长:《无锡梅村中学90华诞〈桃李芳香〉序》,《钱伟长文集(下卷)》,上海大学出版社2013年版,第1399页。

天真,好似一个幼童向老师提要求。他以期待的目光静心等待着答复。此时,这位返老还童的赤子,他的纯粹,立刻博得大家赞许的掌声。于是现场的工作人员将揭下来的幕布又重新盖上,钱老一个人缓缓走上前,轻轻拉开帷幕……钱伟长先生立在钱声一像与钱穆像中间,这可是一张中国乡村教育、历史人文、科学兴国的同框照啊!我看到此时的钱伟长先生,在阵阵掌声中眼含着泪花……"①

2003年10月2日,在梅村中学九十年校庆典礼上钱伟长为父亲钱挚塑像揭幕

钱穆——中国历史学家

钱穆,幼年家贫,7岁进入私塾,10岁时进入由华鸿模创办的新式学堂果育学校读初小一年级。1907年,钱穆和哥哥钱挚一起考入常州府中学堂就读。1910年,因作

---

① 吴为山:《我为钱伟长先生塑像》,"上观"2020年10月19日。

梅村中学校园里的钱挚雕像

为学生代表请求课程改革事未获校方应允,遂退学,进入南京私立钟英中学就读。不久,辛亥革命爆发,学校被迫解散,钱穆于1912年辍学返回家乡,在秦家渠三兼小学任教,开始了他乡间教书的生涯。1913年去母校鸿模学校任教,1914年转入无锡县立第四高等小学任教,1919年秋改任泰伯市立第一初级小学(后宅)校长,1922年又到无锡县立第一高等小学任教,不到一个月,即应聘执教于厦门集美学校。1923年,经同邑钱基博的推荐,到第三师范任教。1927年秋,又应邀任教于省立苏州中学。

年轻时的钱穆

在小学和中学教书期间,钱穆勤于读书、著述,先后写出《论语文解》《论语要略》《孟子要略》《墨子》《国学概论》《王守仁》《刘向歆父子年谱》《先秦诸子系年》等著作。1930年,经顾颉刚推荐,到燕京大学任教,正式开始了他以中学生的学历在大学任教的生涯。一年以后,又转入北

钱穆邀任时的苏州中学校门[1]

1931年,钱穆北京大学讲课[2]

---

[1] 苏克勤著:《院士世家 钱穆·钱伟长·钱易》,河南科学技术出版社2014年版,第30页。
[2] 苏克勤著:《院士世家 钱穆·钱伟长·钱易》,河南科学技术出版社2014年版,第43页。

京大学历史系。

1937年,随北大迁到西南联大,继续讲授中国通史等历史课程。在大学任教之余,又写成《国史大纲》《史记地名考》等书。钱穆还遵顾颉刚之嘱,主编《齐鲁学报》。1940年到四川后,任流亡成都的齐鲁大学国学研究所主任,并在齐鲁大学兼课。直到1943年秋,先后在华西大学、四川大学、昆明五华书院任教。1948年春,应故乡无锡实业家荣德生之邀,回到无锡,任江南大学文学院院长。1949年春天,到广州私立华侨大学任教,同年,到香港创办了新亚书院,并任院长。1953年,又创办新亚研究所。

在香港期间,钱穆多次应邀赴台湾讲学,又先后到美国耶鲁大学、哈佛大学、哥伦比亚大学授课、演讲、考察。还受邀赴英国访问,参观牛津大学、剑桥大学等。后经法

钱穆在苏州耦园的读书写作处,《史记地名考》一书在此写成[1]

---

[1] 印永清著:《百年家族——钱穆》,河北教育出版社2003年版,第71页。

第五章　英才辈出　兰桂腾芳

国、意大利回香港。他先后获得香港大学名誉法学博士和美国耶鲁大学名誉文学博士等荣誉学位。

1967年，钱穆移居台北，任教于"中国文化书院（今文化大学）"，并任台北"中央研究院"院士、台北"故宫博物院"特聘研究员。在台北，钱穆编定《中国学术思想史论丛》，全套8册。这部书是他60年主要学术论文的汇集，也是对他半个多世纪以来研究中国历史、民族文化的一个总结。1986年6月9日，钱穆以92岁的高龄为"中国文化大学"史学研究所博士班讲中国文化思想史，这是钱穆教书生涯的最后一堂课。1990年8月30日，钱穆在台北寓所逝世，享年95岁。

1931年5月上海商务印书馆出版的《国学概论》封面[1]

钱穆一生致力于中华传统文化与学术思想的研究，著述宏富，专著多达80种以上。代表作有《先秦诸子系年》《国学概论》《中国近三百年学术史》《国史大纲》《中国文化史导论》《中国历代政治得失》《中国历史精神》《中国思想史》《宋明理学概述》等，还出版多种论文集，如《中国学术思想论丛》《中国文化丛谈》等。

作为从无锡乡村七房桥走出来的一位国学大家，虽然长时间漂泊海外，但钱穆时刻不忘自

1974年，钱穆80寿诞时的留影

---

[1] 苏克勤著：《院士世家　钱穆·钱伟长·钱易》，河南科学技术出版社2014年版，第30页。

钱穆书法

己是中国人,时刻眷恋怀念着故乡的山水草木。钱穆初到燕京大学时,一天傍晚,学校监督司徒雷登设家宴招待新来教师,问大家到校印象。钱穆当即直吐胸臆,直答道:"初闻燕大乃中国教会大学中之最中国化者,心窃慕之。及来,乃感大不然。入校门即见'M'楼、'S'楼,此何意,所谓中国化者又何在。此宜与以中国名称始是。"事后,燕京大学特开校务会议,讨论钱穆提出的意见,最终采纳了钱穆的建议,改"M"楼为"穆"楼,"S"楼为"适"楼,"贝公"楼为"办公"楼,其他建筑也一律赋以中国名称。①这一故事体现了钱穆浓厚的中华文化情结。

1986年,钱穆以92岁的高龄发表《丙寅新春看时局》一文,称:"此下的中国,只有全中国和平统一始时个大前途、大希望。和平统一是本中国传统的文化精神和民族性的大前途、大理想、大原则之所在。"文章发表以后在

---

① 钱穆:《八十忆双亲 师友杂忆》,生活·读书·新知三联书店2021年版,第158—159页。

两岸引起巨大反响,《人民日报》(海外版)即予以摘载。钱伟长曾在回忆中对四叔钱穆的这个观点给予高度评价,钱伟长说:"近年来,他(指钱穆)在香港发表谈话,主张中国统一,大意是中国历史上统一的年代长,分裂的时间短,中国凡统一时,国力就强,反之国力就弱。振兴中华民族的希望在于统一。"[①] 钱穆将自己在台北的寓所命名为"素书楼",以怀念故乡七房桥老宅的"素书堂"。

钱穆在台北寓所素书楼门的留影

1980年以后,钱穆先后在香港、台北,与自己在大陆的儿子、女儿和侄子钱伟长相见,一偿对故乡、对亲人的思念之情。钱穆生前,极愿叶落归根回大陆。当年与妻子胡美琦寓居在香港沙田和风台5号期间,在楼廊中观海赏月之时,钱穆多次谈到过家乡的太湖,说有朝一日能在太湖边建一小屋,安度晚年,惜未能如愿。他在临终之前留下遗嘱:"如果人不能回去,也要葬回去。"根据钱穆的遗愿,1992年1月7日,他的灵骨由夫人胡美琦护送,归葬于太湖西山,墓碑上镌刻着"无锡七房桥钱穆先生之墓"。从七房桥出去的游子钱穆终于如愿长眠于家乡的怀抱。

从小受惠于钱穆经济资助和精神、文化滋养的侄子钱伟长,一直对他的这位四叔深怀感激、敬仰和怀念之情。

---

① 钱伟长:《谈四叔钱穆》,《钱伟长文集(下卷)》,上海大学出版社2013年版,第870页。

钱穆与夫人胡美琦合影

1981年5月,钱穆钱伟长叔侄在香港会面

1981年5月,钱伟长和朱光潜等应邀赴香港参加学术活动,钱穆亦相约抵达香港。钱穆和朱光潜是老友重逢,钱穆和钱伟长则是叔侄相聚。当时,钱穆已是耄耋之年,钱伟长也年届古稀。叔侄互道别后情形,说不尽万语千言。钱伟长和四叔在香港先后晤面三次,均谈家常。钱穆特地向钱伟长讲了钱伟长父亲钱挚圈注的《资治通鉴》失而复得的故事:那还是钱穆在北平时靠历年积蓄,购得书约5万部20万册,装20余大箱,托人保管。1949年钱穆只身去香港,仍记挂此大批书籍,其中就有这套《资治通鉴》圈注本。后来香港新亚书院在当地旧书店买到一部《资治通鉴》,钱穆一看正是自己的哥哥钱挚的圈注本,手书笔迹清晰可辨。钱穆为重获此书而高兴不已,但又为存书已散失而惋惜。钱穆郑重地对钱伟长表示,这部《资治通鉴》是钱伟长父亲钱挚的手圈本,是钱家的传家宝,将来一定要将这部书送回大陆[①]。

[①] 钱伟长:《谈四叔钱穆》,载《钱伟长文集(下卷)》,上海大学出版社2013年版,第870页。

第五章　英才辈出　兰桂腾芳

钱穆逝世以后,钱伟长怀着悲痛的心情,撰写悼文和挽联。悼文曰:

燕山苍苍,东海茫茫。呜呼吾叔,思之断肠。幼失父怙,多赖提携。

养育深恩,无时或忘。国学根深,闻名远邦。桃李万千,纷列门墙。

忧国忧民,渴望富强。骨肉睽离,分割两方。人道何如?含恨泉壤。

祖国大陆,山高水长。科技飞跃,城乡熙攘。十亿同心,共坚如钢。

立足世界,何惧外强?亲临祭祀,寄我哀思。海峡未通,此心怏怏。

家国团圆,必非梦想。心驰台北,魂牵灵旁。挥泪哀悼,伏维尚飨。

侄钱伟长拜祭

在挽联中,钱伟长写道:

生我者父母幼吾者贤叔旧事数从头感念深恩宁有尽;

于公为老师在家为尊长今朝俱往矣缅怀遗范不胜悲。[①]

钱伟长在悼文和挽联中,一方面表达了钱穆对他的

---

① 钱伟长:《隔岸悼四叔》,《钱伟长文集(下卷)》,上海大学出版社2013年版,第865页。

提携养育深恩的感激,另一方面对钱穆的道德学问和渴望祖国统一的主张作了高度评价。

2003年7月,钱伟长应邀为庆贺无锡梅村中学成立九十周年而编写的《桃李芳香》作序,在序中,钱伟长除了追述父亲钱挚参与创建梅村中学和在小任教的经历,还同时追记了四叔在梅村中学执教的经历。钱伟长说:"我的四叔父钱穆先生在《八十忆双亲·师友杂忆》一书中,专门有一章讲述他执教梅中之事。教书、交友与做学问兼具,在这里他写就了处女作《论语文解》。四叔父是一位从乡村走向世界的国学大师,他终生致力于传播中国传统文化,而他名扬县外却始于梅村。"[1]钱伟长对钱穆从乡村走向世界、从梅村中学开始扬名于社会给予了肯定和赞扬。

钱穆家乡的人民没有忘记这位起步于乡村教师的中国史学巨擘,他们先后在七房桥、荡口镇建立了钱穆故居纪念设施,供家乡人民和游人参观瞻仰和缅怀。钱穆的故居已成为爱国主义教育基地。

---

[1] 钱伟长:《无锡梅村中学90华诞〈桃李芳香〉序》,《钱伟长文集(下卷)》,上海大学出版社2013年版,第1399页。

第二节　克绍箕裘　子振家声

作为钱挚、钱穆的子侄辈，钱伟长、钱慈明、钱拙、钱行、钱逊、钱易、钱辉等，都没有辜负父辈的教养和期望，他们克绍箕裘，在自己的工作岗位上作出不凡的成就，对钱氏家族来说，堪称恢宏先绪，子振家声。

钱伟长——科学家、教育家、社会活动家

钱伟长（1913—2010），科学家、教育家、社会活动家，中国民主同盟的卓越领导人，中国共产党的亲密朋友，中国人民政治协商会议第六、第七、第八、第九届全国委员会副主席，中国民主同盟第五、第六、第七届中央委员会副主席和第七、第八、第九届名誉主席，中国近代力学奠基人之一，中国科学院资深院士，上海大学校长。

钱伟长于1913年10月9日出生在无锡鸿声里七房桥五世同堂宅院。

钱伟长自幼家贫，出生时祖父钱承沛已去世，由父亲钱挚挑起了养家糊口的家庭重担。钱伟长5岁开始进学校读书。由于七房桥老宅先后两次失火，全家不得不迁居到荡口镇。1926年,钱伟长随父亲到无锡荣巷公益学校就读,后又进无锡国学专修馆学习,接受了中国传统学术文化的训练。1927年,进入无锡县立初级中学(新中国成立后改名为无锡市中学、无锡市第一中学)学习。1928年,以初中一年级的程度,考进江南名校苏州中学高中部,受到包括他的叔父钱穆在内的诸多名师的亲炙。高中毕业后,在一个月的时间内,钱伟长接连参加清华大学、唐山交通大学、南京中央大学、武汉大学和厦门大学的升学考试,竟然同时得到这五所大学的录取通知书,同时,也得到实业家吴蕴初设立的"清寒奖学金"。根据已在燕京大学任教的四叔钱穆的建议,钱伟长选择了清华大学,开始了他的大学生活。

1931年9月,钱伟长甫到清华大学中文系就读,九一八事变爆发,日本侵略者一夜之间占领了我国东北大片领土。在这国难当头的时刻,钱伟长怀着科学救国的念头,毅然决定放弃他所长的文史,向学校提出改学物理的申请。虽然在学科方面,物理学并不是钱伟长的强项,而恰恰是他的短板,但强烈的爱国情怀使钱伟长义无反顾地坚持这一选择。后来在叔父钱穆、清华大学理学院院长叶企孙、物理系系主任吴有训的支持下,加上自己

1935年,钱伟长获清华大学理学学士学位

不懈的努力,钱伟长终于得偿所愿,从中文系转入物理系,由一个文科生一变而成为理科生。

大学毕业以后,钱伟长考入中央研究院物理所,录取为实习研究员,同时,又考取了清华研究院物理系的研究生,并申请到"高梦旦奖学金"。此后,在吴有训教授的指导下,从事X光衍射研究。

1935年底,爆发了一二·九运动,钱伟长参加

了学生示威游行。12月26日,他和其他同学一起组成自行车南下宣传队,一路上发动群众参加抗日救亡运动,于次年1月13日,抵达国民党政府所在地南京。15日,遭军警无理关押,被遣送回北平。此后钱伟长继续从事抗日救亡的宣传活动。

七七事变后北平沦陷,清华大学向大后方转移。钱伟长筹足旅费后于1939年元旦抵达西南联大,受聘在物理系工作。在西南联大物理系工作期间,钱伟长完成了三篇光谱学论文,其中发表在1939年《中国物理学报》英文版第四卷第一期上的《对稀土元素硒的单游离光谱分析》开辟了我国稀土元素研究的先河。钱伟长的博士论文是《薄板博壳的内禀理论》,曾以连载的形式发表于美国布朗大学主办的《应用数学季刊》第一卷、第二卷。钱伟长的研究,把板壳理论引入了一个新阶段,在当时具有较大的影响,学界将浅壳大挠度方程称为"钱伟长方程"。直到1977年荷兰科学家出版的《板壳渐进解》专著中,还将钱伟长的这一系列工作,称为"划时代的工作"。

1939年7月,钱伟长参加了中英庚款基金委员会第七届留英公费生考试,他和郭永怀、林家翘同时被录取在力学专业。根据安排,这次全部22名录取学生于9月1日在香港集中,乘船前往英国剑桥大学攻读学位。不料9月2日,英国对希特勒宣战,海轮被征用,从香港到英国的轮船停开,钱伟长一行的英国留学行程遂遭耽搁。直到1940年1月初,中英庚款基金委员会再次通知全体赴英留学生到上海集中,改到加拿大留学。当大家办妥各项出国手续,并且已经将行李搬到英轮"俄国皇后"号甲板等待起航时,钱伟长和其他同学发现护照上有日本领事的签证,当时正是抗日战争时期,大家无比愤怒,立即向为他们办理出国手续的英国人交涉。大家表示:"日本正在侵略我们,是我们的敌国,我们为什么要敌人的签证?""宁可不去留学,也不要日本人签证!"于是,大家将22本护照一起扔到了这个英国人的脚下。直到1940年8月,赴加拿大留学才成行,他们于9月抵达加拿大多伦多,进入多伦多大学,正式开始了留学生的学习生活。在多伦多大学应用数学系,钱伟长和郭永怀、林家翘师从系主任辛格(J.L.Synge)教授,从事流体力学和弹性力学的学习和研究。1941年,钱伟长获得多伦多大学硕士学位,于1942年获得博士学位。

1942年底,钱伟长参加美国的数学学会,成为正式会员。并于1943年元旦到达美国加利福尼亚理工学院航空系,师从系主任冯·卡门做博士后,并与来自中国的钱学森、林家翘、郭永怀等同为冯·卡门弟子。

1942年,钱伟长在多伦多大学获博士学位

钱伟长在美国加利福尼亚理工学院航空系师从冯·卡门期间,主要从事弹道计算和各种飞弹的空气动力学研究。他在初期的人造卫星轨道计算上作出了贡献,参加了火箭、导弹试验,精细地分析各种弹道及空气动力学性能,提出了运行火箭受到任何干扰都会缩短射程的有关火箭、导弹落点的读独到见解。1946年,美国《航空科学月刊》在第13卷上,发表了由

冯·卡门、钱伟长共同署名的论文《变扭的扭转》，这是钱伟长在冯·卡门的指导下共同研究薄壁构件扭转问题而撰写的论文。冯·卡门高度评价了他和学生钱伟长共同发表的这篇论文，称"这是一篇经典式的力学论文"[①]。

1947—1948年，在流体力学方面，钱伟长发现了一种新颖的渐近方法，用于研究弹头附近的锥形流动计算。在固体力学方面，在研究圆薄板大挠度问题上，钱伟长提出以小挠度理论为基础的摄动法，即小参数展开法。在发表于1947年《中国物理学报》英文版第7卷第2期上的《固定圆薄板在均布外压下的大挠度问题》这篇论文中，提出以中心挠度为小参数的摄动法，该方法引起国际上的注意并称之为"钱伟长法"而沿用至今。钱伟长还发现圆薄板的内部和边界上应当用不同尺度的坐标来描述。针对这两种不同的坐标，他进行渐进展开，取得了与试验相同的结果。在这基础上，钱伟长创造了一种崭新的渐进方法，后来在奇异摄动理论中被称为"合成展开法"，所写论文发表在1948年《国立清华大学理科报告》英文版第5卷第1期上。

抗日战争胜利后，钱伟长于1946年5月动身回国。到上海后他立即赶到无锡荡口镇见了母亲。7月初，钱伟长应聘为清华大学工学院机械系教授。1949年2月，北平解放，3月，清华大学成立校务委员会，钱伟长和费孝通被任命为常委兼副教务长，后又担任清华大学副校长。1949年，任清华大学校务委员会常委、副教务长。1952

---

① 周文斌、孔祥瑛：《钱伟长传略》，《钱伟长文集（下卷）》，上海大学出版社2013年版，第1469页。

年,任清华大学校教务长。

1951年,中国科学院成立,钱伟长兼任数学研究所力学研究室主任。1956年1月,力学研究所正式成立,由钱学森任所长、钱伟长任副所长。1954—1956年,钱伟长参加了由周恩来总理领导的制定我国自然科学12年规划的工作。1956年4月,规划工作结束,他被任命为国务院科学规划委员会委员,并负责筹建自动化研究所和自动化学会。由于工作成绩突出,周总理公开赞誉钱伟长和钱学森、钱三强为科学界"三钱"。1955年,当选为中国科学院学部委员(院士)。1956年,当选为波兰科学院外籍院士。

自1957年7月以后,钱伟长在政治上开始蒙受打击,被撤销一切职务,被停止一切工作。在"文化大革命"中,备受磨难。从1968年到1971年,钱伟长被送到北京特种钢厂炼钢车间劳动。其间,他和工人们同吃同住同劳动。即使在这样的逆境下,在从事高强度的劳动之余,钱伟长还以自己所长,为工厂的技术革新发挥了积极作用,受到工人的好评和欢迎,并受到工人的保护。

"四人帮"被粉碎以后,我国迎来了科学的春天,钱伟长又重新站到大学的讲坛上。在落实了党的政策、纠正

1985年4月17日,参加全国交叉科学讨论会的"三钱"合影(右起钱伟长、钱学森、钱三强)

第五章 英才辈出 兰桂腾芳

1957年1月7日，《人民日报》刊登《钱伟长谈高等工业学校的培养目标》的报道

1989年11月，钱伟长获中国科学院荣誉章

了一切不公正的处理与待遇后，1983年初，钱伟长接受中央的任命，于1月15日来到上海就任上海工业大学校长。在上海市的领导和校党委的支持下，他团结全校师生员工，齐心协力进行一系列的教育改革，并取得令人瞩目的成就。1988年，由国家教委主持对全国高校进行评估，给上海工业大学的评语是："上海工业大学建校29周年，几经周折，直到党的十一届三中全会以后才真正走上较快发展与提高的道路。钱伟长校长高瞻远瞩的对学校的改革发展与提高，起了积极作用。在教学改革、学科建设、教师队伍建设、开拓国际学术交流渠道方面，作出了重要贡献。学校努力为适应上海工业与经济发展的需要，培养输送高级专门人才，承担科研任务，选送科研成果，开

1986年12月，午夜时钱伟长还在家中工作

1987年9月，钱伟长在上海工业大学主持博士生论文答辩会

展科技服务，办学指导思想是明确的。"① 这段评语言简意赅，对钱伟长担任上海工业大校长的工作作了全面而又充分的肯定。

1994年5月，新上海大学成立，钱伟长又任上海大学校长，他以"筚路蓝缕，以启山林"的精神，将一个新组建的上海大学建成了一所综合性的由国家重点建设的"211工程"大学和"双一流"大学。在上海大学，钱伟长提出了一套完整、丰富、系统、科学的中国高等教育理论，为中国高等教育事业的发展作出了影响深远的贡献。他提出首先要把上海大学的学生培养成"一个全面的人，是一个爱国者，一个辩证唯物主义者，一个有文化艺术修养、道德品质高尚、心灵美好的人；其次，才是一个拥有学科、专业知识的人，一个未来的工程师、专门家"。钱伟长的教育思想已成为上海大学办学的宝贵财富。

作为社会活动家，钱伟长长期担任中国民主同盟的领导人，连续四届担任全国政协副主席。1951年，任中华全国民主青年联合会常委、副秘书长。1952年，随中国文

---

① 钱伟长：《八十自述》，《钱伟长文集（下卷）》，上海大学出版社2013年版，第1001页。

第五章 英才辈出 兰桂腾芳

1994年5月27日,钱伟长在新上海大学成立大会上签名留念

1996年12月23日,钱伟长在上海大学"211工程"部门预审开幕式上致辞

1997年10月13日,钱伟长参加上海大学理学院基础强化班学生座谈会

1997年11月,钱伟长与上海市领导徐匡迪等共商上海大学新校区建设方案

第五章 英才辈出 兰桂腾芳

1997年12月26日,钱伟长参加上海大学新校区工程奠基仪式

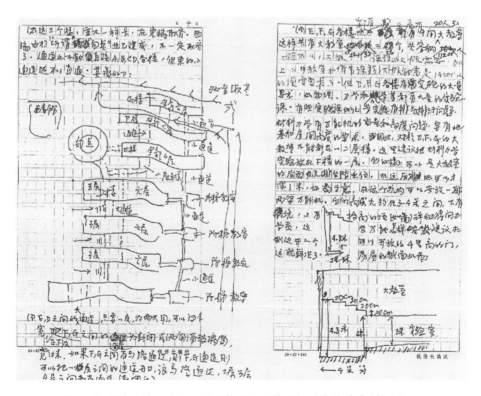

1998年8月21日,钱伟长关于上海大学新校区综合楼设计要求的手稿(部分)

按钱伟长要求设计并落成的上海大学新校区综合楼的"空中走廊"与一楼通道

2001年11月,钱伟长与上海大学青年骨干教师在一起

第五章 英才辈出 兰桂腾芳

化代表团出访缅甸、印度。从1954年9月到1959年4月,担任中华人民共和国第一届全国人民代表大会代表;从1975年1月至1978年3月,担任中华人民共和国第四届全国人民代表大会代表。

1972年,钱伟长由周恩来总理亲点参加中国科学家代表团,访问了英国、瑞典、加拿大和美国。曾担任中国海外交流协会会长、中国文字改革委员会委员等职务。1985年,任中华人民共和国香港特别行政区基本法起草委员会委员。1988年,任中华人民共和国澳门特别行政区基本法起草委员会副主任委员、中国和平统一促进会会长、中国陶行知研究会会长等职。1990年,任中国海外交流协会会长、《中国大百科全书》副主编、《简明不列颠百科全书(中文版)》中美联合编审委员会委员、《辞海》副主编。2010年7月30日,钱伟长在上海逝世。2011年2月,获评"感动中国2010年度人物",颁奖词是这样写的:"从义理到物理,从固体到流体,顺逆交替,委屈不曲,荣辱数变,老而弥坚,这就是他人生的完美力学!无名无利无悔,有情有义有祖国!"

为了纪念和缅怀钱伟长对上海大学、对中国高等教育作出的杰出贡献,2007年,上海大学将大礼堂正式定名为"伟长楼",三个大字由全国政协副主席徐匡迪题写。11月23日,学校举行"伟长楼"命名与揭幕仪式,徐匡迪

2005年夏天,钱伟长和学生们在上海大学校园里合影

1972年,我国科学家代表团访问英国、瑞典、加拿大和美国时在加拿大留影(左三钱伟长)

1987年3月,钱伟长(左二)参加《简明不列颠百科全书》首展仪式

1989年11月,钱伟长在澳门基本法咨委会欢迎会上致辞

1990年5月,钱伟长(中)参加香港基本法起草委员会评选香港特别行政区区旗区徽

上海大学宝山校区伟长楼

来到学校为"伟长楼"揭幕。

2011年,上海大学将原来由钱伟长创立的、在基础教学强化班基础上成立的自强学院更名为钱伟长学院。2019年5月27日,钱伟长图书馆正式开馆,这座图书馆位于上海大学宝山校区东区,占地18 000多平方米,集图书馆、博物馆、纪念馆、校史馆等实体空间为一体,融合上海大学博物馆实体馆藏展示、钱伟长纪念展展厅、上海大学校史展展厅、图书馆读者服务等多种功能。在上海大学钱伟长图书馆前,矗立着一尊钱伟长的坐像,供学校的师

生员工和外来学习参观游览者缅怀和瞻仰。

在钱伟长的家乡无锡，也举行了各种活动来纪念这位从无锡乡间走出来的科学家、教育家、社会活动家。2011年4月28日，"钱伟长塑像揭幕典礼"在无锡鼋头渚人杰苑举行，中国侨联领导和江苏省领导出席活动并为钱伟长塑像揭幕。2012年5月15日，钱穆钱伟长故居在无锡新区鸿山街道七房桥村建成开放。故居建在钱氏家族旧址，占地约5 400平方米，馆内收集了与钱穆和钱伟长相关的历史资料和生活用具。钱穆钱伟长故居现在已

上海大学宝山校区东区的钱伟长图书馆与钱伟长雕像

钱穆、钱伟长故居

成为钱伟长家乡进行爱国主义教育的基地。

2020年2月5日,国际小行星委员会批准并发布国际公报,把国际编号为283279号的小行星正式命名为"钱伟长星",以纪念钱伟长杰出的科学贡献。2020年7月30日,"钱伟长星"命名仪式暨钱伟长先生逝世十周年纪念活动在上海大学举行。

2020年7月30日,"钱伟长星"命名仪式暨钱伟长先生逝世十周年纪念活动在上海大学举行

钱易——中国环境与资源保护专家

钱易,1936年出生于北平(今北京市),钱穆长女,钱伟长堂妹。环境工程专家、中国工程院院士、清华大学环境学院教授。

在钱易2岁多的时候,全家由北平迁到苏州。1952年,钱易考入上海同济大学卫生工程专业,本科毕业后于1957年考入清华大学土木工程系,师从环境工程专家陶葆楷教授攻读研究生。1959年获硕士学位后留校在环境科学与工程系任教,历任助教、讲师、副教授、教授。1981年至1983年,在美国康奈尔大学做访问学者。1988年至1989

年，在荷兰德尔夫特技术大学任访问教授。1989年，先后在香港大学、香港理工大学、伦敦帝国理工学院、香港科技大学等学校讲学。1992年，参加了在里约热内卢与联合国环境与发展大会同时举行的环境保护学术会议。1994年，当选为中国工程院院士，成为清华大学当时唯一的女院士。1996年，当选国际科学联盟执行委员会委员。1997年，当选世界工程组织联合会副主席，并获中国环境与发展国际合作委员会颁发的环境与发展国际合作奖最高奖。1999年，担任中央电大"环境保护与可持续发展"课程主讲教师，并主编教材《环境保护与可持续发展》。2000年，被选为富布赖特杰出学者，访问美国7个城市并作了12次学术演讲，积极参与环境保护的国际合作与交流；同年，获第三届中国工程科技光华奖。从2002年到2014年12月，连续担任清华大学第八、第九届学术委员会主任。

钱易长期致力于研究开发适合中国国情的高效、低耗废水处理新技术，主要研究方向为难降解有机物生物降解特性、处理机理及技术；致力于推行清洁生产、污染预防和循环经济。多次获得国家级大奖，1989年，以第一完成人申报的"城市污水的处理和再利用"项目获国家科技进步奖二等奖；1993年，以第一完成人申报的"高浓度有机废水的厌氧生物处理技术"项目获国家科技进步奖三等奖；1998年，以第一完成人申报的"YHG系列水平轴转刷曝气机"获国家技术发明奖三等奖；2003年，以第一完成人申报的"有毒有害有

钱穆长女、钱伟长堂妹钱易

机废水高新生物处理技术"项目获国家科技进步奖三等奖。此外,钱易还获得过国家教委科技进步一等奖2次、二等奖2次,中国科学院自然科学一等奖1次。

作为教师,钱易长期活跃在三尺讲台。从1959年协助自己的研究生导师陶葆楷讲授"排水工程"课程以来,钱易一直坚持为清华大学的本科生上课,先后主讲多门本科生课程。同时又为研究生上课。2006年,她开设的"环境保护与可持续发展"被评为国家级精品课程。2007年,获国家教育部授予的第三届高等学校教学名师奖;2009年,获世界工程组织联合会优秀工程教育奖;同年9月,获清华大学突出贡献奖,评委会给出的评语是:"钱易投身教育事业半个世纪以来,影响和培养了中国环境科学与工程领域的几代人,造就了一大批学术骨干。

作为中国高等院校环境保护与可持续发展素质教育的先行者,钱易是清华大学倡导建设'绿色大学'的第一人,为中国环境科学与工程教育事业的发展作出了重要贡献。"2015年,获"寻找最美教师公益活动"最美教师荣誉称号,评委会称"钱易从事环境工程教学与科研50余年,在工业废水处理与城市废水净化等领域取得了令国际环境工程界瞩目的成果";2017年7月,获首届清华大学新百年教学成就奖;同年9月,获全国教书育人楷模称号。2016年,在钱易80寿辰时,她的学生们发起并捐资成立了"钱易环境教育基金",依据该基金设立了"钱易环境奖",旨在激励和帮助中国积极践行环境公益、脚踏实地地开展创新研究的优秀学生。

2021年7月9日,钱易应邀出演励志电影纪录片《大学》。《大学》由清华大学出版社有限公司出品,于2021

年7月9日在全国公映。该片以清华大学为拍摄对象,采用纪实的手法呈现四位清华人不同的人生境遇与选择,真实再现了大学校园里永恒的青春与理想。其中钱易表现了自己在83岁时迎来荣休仪式,但依然躬耕于三尺讲台、步履不停的故事。该片公映以后,于2021年12月举办的第34届中国金鸡百花电影节上获评最佳纪录/科教片。

在从事教学和科研的同时,钱易又撰写发表了大量论文和出版多部专著。其中《环境保护与可持续发展》教材获得2002年全国普通高等学校优秀教材一等奖。

作为著名的学者、专家,钱易承担了大量的社会工作,积极参政议政。她是政协北京市第八、第九届委员会副主席。从1988年3月到2008年3月,连续当选为中华人民共和国第七、第八、第九、第十届全国人民代表大会代表;全国人民代表大会环境与资源保护委员会第八、第九届委员会委员,第十届委员会副主任委员,积极为国家环境决策献计献策和参与环境的立法工作。1998年9月到2003年8月,担任全国妇女联合会第八届执委会副主席。2001年6月到2006年5月,担任科学技术协会副主席。

钱易是钱穆的长女,由于出生在战乱的年代,父亲又为了生计和学术研究四处奔波,父女二人聚少离多。1949年,钱穆到香港,钱易和父亲再次重逢已是1981年的事了。1981年,钱易以堂兄钱伟长助手的身份到香港,和父亲钱穆相聚,这是钱穆离开大陆以后钱易和父亲的第一次重逢。1988年,钱易正在荷兰访学,得知寓居台北的父亲病重,已两个月不能起床,不能正常进食,甚至话都很少说,作为女儿,她心急如焚。恰在这时,台湾开放大陆赴台探亲的政策,经过申请,在11月初,终于得到了获准入台的消息,钱易便直接从荷兰飞抵台北,再次见到了父亲钱穆,钱易也因此成为大陆赴台探亲第一人。

1988年11月,钱易与父亲钱穆、继母胡美琦在台北素书楼的楼廊里聊天

第三节　芝兰玉树　各吐芳华

钱穆的孙女、钱伟长的堂房侄女钱婉约，在她所著的《梅樱短笺》中曾写下这样一段话："幸运的是，我们这一辈钱家第三代，五房十个孙儿孙女，从1979年开始，陆续全部考上了1977年恢复高考以后的正规大学，其中上了清华、北大的，就有五人，占了一半。"[①]钱婉约所讲的钱家第三代，是指她的祖父钱穆一支，并不包括她的大祖父钱挚这一支。她的堂兄，即堂伯钱伟长之子钱元凯，同样为钱家第三代，年龄要长钱婉约整整23岁，他因政治原因，被挡在清华大学的校门之外，然而，在赓续钱家"书香未断"的家风方面，他和钱婉约兄妹，是芝兰玉树、各吐芳华。

钱元凯——自学成才的数码摄像专家、摄影教育家

钱元凯，1940年9月出生于重庆，钱伟长之子。钱元凯出生时，钱伟长并不在重庆，而是已经到达了他出国留

---

① 钱婉约著：《梅樱短笺》，中华书局2012年版，第101页。

学的目的地加拿大多伦多。等到钱元凯见到父亲时,已是6年以后。抗日战争胜利后,身在美国的钱伟长一心要回国报效祖国,便不顾导师的挽留,以探亲为名,于1946年5月离开美国,回国后到清华大学任教,这样,钱元凯才跟着母亲孔祥瑛离开重庆,奔波到北平第一次见到了父亲。

1955年到1958年,钱元凯在北京市第四中学读高中。北京市第四中学创建于1907年,初名为"顺天中学堂",1949年改名为北京市第四中学,是一所有名的中学。钱元凯在学校被同学誉为"明星级"的学生,他不唯学习成绩优秀,在思想品德、体育锻炼等方面同样超群,更值得一说的是钱元凯在课外科技活动方面表现突出,可以说传承了钱家祖父辈的文化基因。

1946年9月,钱元凯第一次在清华大学里见到了父亲

然而,在钱元凯参加高考时,却因政治原因而遭受挫折。他高考的成绩在整个华北地区名列第二名,他一心绳武父辈,报考了清华大学。然而,却因父亲钱伟长政治上的"问题"而被一纸"不予录取"挡在清华大学的门外。这对"一根筋"心心念念想进清华大学读书的钱元凯来说,不啻是晴天霹雳。这也是这位出生于书香门第的年轻人在人生道路上遭受的一次重大打击。

对此,身处逆境的钱伟长悲愤交加,却也莫奈之何。他虽然为儿子受自己的牵连而遭受这样不公正的待遇感到难过与内疚,但作为父亲,他站得更高、看得更远。他还是鼓励儿子不要因此而消沉,而是要坚强地面对。他对儿子说:"上学的机会是受人控制的,但读书与实践才是获得知识的重要课堂,在这个学校中学习的权力只掌握在你自己手中,是任何人都剥夺不了的。让学习成为一种生活的习惯,这比任何名牌大学的校徽重要得多!"[①]钱元凯的母亲孔祥瑛,也是个坚强的女性,她安慰丈夫钱伟长说:"不要紧,相信你儿子的能力,不上大学照样能成才!"[②]可以想象,当时20岁还不到的钱元凯心中要承受多大的压力和痛苦,然而,父亲的"庭训"和母亲对自己的期许,使他大有拨云见日、豁然开朗之感。从此,这位大科学家的儿子,走上了自学的道路。

1958年9月,钱元凯被分配到了首钢机械厂当上了一名普通工人。虽然他是一位白面书生,但他还是每天身穿工装、兢兢业业地投身到工厂的劳动中。两年后,他从一名杂工被挑选当上了一名车工。他高中读书时在课外科技活动中显露出来的长处和天赋竟在工厂的劳动中发挥了作用,他很快就成为厂里的一名优秀的技工和技术革新能手。1966年,钱元凯按当时流行的"以工代干"的方式,离开车间第一线,被调到厂里的技术科从事工装设计工作。

1980年以后,钱元凯先后获得首都钢铁厂业余大学的大专文凭和北京钢铁学院函授部的本科文凭,很快有了职称,先是被评为助理工程师,一年以后又破格晋升为工程师。由于他有一线的操作实践经历,又有必要的理

---

① 曾文彪:《校长钱伟长》,上海大学出版社2012年版,第270页。
② 曾文彪:《校长钱伟长》,上海大学出版社2012年版,第241页。

论知识,在技术改革和创新方面屡有收获,先后获得过冶金部的科技成果奖和首钢重大科技成果奖。

然而就在这时,钱元凯却在自己的人生道路上作出了一个跨界的举动,从钢铁冶金系统一下子跳到了照相行业。钱元凯有着极强的动手能力,他自小就喜欢摄影和摆弄照相机,在钢铁厂工作之余,也怀着浓厚的兴趣研究照相机,对照相机的各类部件都一一摆弄、研究,自制了七台照相机及闪光灯、放大机、测光表等摄影器材和多种相机测试仪器。还对国内照相机厂的许多产品进行测试,发现存在有各种各样的问题和缺陷,于是,他决意离开熟悉的企业,另辟新路,到从未涉足的摄影界去闯荡一番。

1982年,他调入北京市照相机总厂研究所任主任设计师,主持多种照相机的研制和开发,成为一名职业照相机设计师。令人难以置信的是,钱元凯干一行专一行,不久竟然在这个新的领域干出了名堂,声名鹊起——由他主持研发的EF3相机获北京市科技成果奖、全国照相机评比自动相机组一等奖等多项奖项。1994年后,钱元凯离开了北京市照相机总厂,被北京飞索公司聘为总工程师,创建国内首套系列化的狭缝光栅立体图片制作系统,并很快投入到商业运营,获得五项专利。经过不断深耕,钱元凯异军突起,一跃而成为我国摄影界闻名的专家,先后被《大众摄影》《摄影与摄像》《电子影像》《中国摄影》等聘为编委。1996年起,担任北京电影学院摄影学院、中国传媒大学南广学院的客座教授。从1989年到1998年,在《中国摄影》杂志任"读者问答"专栏撰稿人,回答读者在摄影方面遇到的问题,被誉为"问不倒的钱元凯"。从2001年起,

钱伟长之子钱元凯

他又转入数码相机的研究与授课上,并在北京电影学院推出数码摄影课程。同时,钱元凯还担任了国家照相机械标准化技术委员会委员。

通过一系列的研究和实践,钱元凯在摄影方面积累了丰富的经验,他除了不时撰写发表有关论文以外,从1989年开始,出版了有关摄影的一系列专著,其中包括《照相机的原理与维修》(与周祥文合著)及《摄影光学与照相机》《现代照相机》《数字影像技术基础》《现代照相机的原理与使用》等。2006年12月,中国摄影家协会在人民大会堂举行了成立50周年纪念大会,已经66岁的钱元凯被大会授予"我国摄影界有突出贡献的摄影家"称号。

钱元凯没有辜负钱家从他的曾祖父钱承沛就留下的"诗礼之家""书香未断"的家风,通过自学之路成为专家。他初到首钢机械厂当工人,就开始自学莫斯科大学数学力学系的课程。在工厂干活,体力消耗很大,他依然坚持每天6个小时的学习,以顽强的毅力保持着与大学的正规教学同步的进度,用两年半的时间自学完莫斯科大学三年的课程。也正因为如此,他在"文化大革命"结束后,即能轻松地获得业余大学和函授大学的大专和本科文凭。1981年,钱元凯被评为北京市公交系统自学成才标兵。钱元凯以自己的不懈努力,验证了父亲钱伟长1958年在他遭遇"清华大学落榜"风波时,对他说的"让学习成为一种生活的习惯,这比任何名牌大学的校徽要重要得多"这句话的正确性。

钱婉约——北京市高等学校教学名师

钱婉约,1963年出生于苏州,是钱穆的孙女、钱穆次子钱行的女儿,钱伟长的堂房侄女。

1969年,钱婉约父母被迫离开苏州,下放到苏北农村。当时钱婉约只有6岁,在盐城县楼王公社范河大队的小学上学,在父亲的教导下开始读唐宋诗词。1979年,随父母重新回到苏州。1981年,考入北京大学中文系古典文献专业,先后获得北京大学文学学士、北京师范学院史学硕士和北京大学文学博士学位。后先后在武汉大学历史系、日本京都大学人文科学研究所、日本姬路独协大学文学部、澳门理工学院、日本关西大学等从事教学科研与客座研究工作。2000年8月,到北京语言大学人文学院任教,历任中文系主任、人文学院院长等职,为国家级一流本科专业建设点北京语言大学汉语言文学(2019)专业负责人。主要研究方向包括日本中国学、中日近代思想学术关系史和中国思想文化及学术史。

2004年和2007年,先后在中华书局出版《内藤湖南研究》和《从汉学到中国学——近代日本的中国研究》专著;译著有:吉川幸次郎著《我的留学记》、内藤湖南著《中国史通论下》、桑原隲藏著《东洋史说苑》、石田干之助著《长安之春》;主编有:《中国文化的历史命运》《台港学者论中国文化》等;发表的主要论文有:《内藤湖南汉诗中的文化史观索隐》《内藤湖南研究综述》《和风起汉

钱穆孙女、钱伟长堂侄女钱婉约

俳——汉俳漫议》《长泽规矩也中国访书述略》《吉川幸次郎的中国情结》《董康与内藤湖南的书缘情谊》《罗振玉与内藤湖南的交谊》《白坚其人及唐写本说文流入日本考》《仰承与垂范——内藤湖南与中国学人关系谱系》《内藤湖南的当代意义》《日本近代西域史地研究及其学术特点》等。

2020年12月，钱婉约获第十六届北京市高等学校教学名师奖。

作为钱穆的孙女，钱婉约一考进北京大学中文系就在和祖父的通信中向钱穆作了汇报，钱穆非常高兴，在和钱婉约的父亲钱行通信时说："读行儿信，我心亦甚为激动，极盼婉约能学有所成，不负我之想望。"①

1984年，为了庆贺钱穆九十寿辰，钱婉约利用在北京大学三年级的暑假，跟随父亲钱行和在清华大学读书的堂兄钱松，一起来到香港为钱穆祝寿，这也是钱婉约和钱松两个孙辈第一次见到祖父钱穆。这次祖孙三代相聚，在香港中文大学一起生活了一个月，赓续了钱穆在《八十忆双亲》中讲到的钱家"书香未断"的家风。

1984年7月，钱穆九十寿宴后合影（前排钱穆与夫人，后排左起钱婉约、钱辉、钱逊、钱行、钱易、钱松）

---

① 钱婉约著：《梅樱短笺》，中华书局2012年版，第102页。

第六章　寻根认同　共振中华

第一节　钱伟长的寻根之旅

在七房桥钱穆钱伟长故居怀海义庄旧址前，矗立着一块巨石，上面镌刻着钱伟长题写的"寻根认同　共振中华"八个大字。这八个大字写于1990年，正是在这一年，这位77岁的老人开启了他的寻根之旅。

怀海义庄前矗立的钱伟长题写的"寻根认同　共振中华"巨石

美国学者对钱氏家世的模棱两可说法

关于钱穆为五代吴越国钱镠之第三十四世裔孙、钱伟长为钱镠第三十五世裔孙之说,无论在钱穆还是在钱伟长的著述中都未曾提及。钱穆只是称"江浙钱氏同以五代吴越武肃王为始祖,皆通谱"①。美国学者邓尔麟(Jerry Dennerline)虽然访问过钱穆,但对钱穆家世的由来,却存怀疑态度。

邓尔麟在1980年冬,曾阅读过钱穆的《八十忆双亲》。1983年在余英时的帮助联系下,到台湾访问了钱穆,并于1985年和1986年先后两次到无锡七房桥实地调查,写成《钱穆与七房桥世界》一书。

邓尔麟写《钱穆与七房桥世界》的时间是在20世纪80年代,当时对《钱氏宗谱》的发掘和研究还不够深入。钱穆本人也只是说"江浙钱氏同以五代吴越武肃王为始祖,皆通谱"。邓尔麟经过对钱穆的访谈,对于钱穆家族是否是吴越王钱镠的后代持怀疑的态度,所以才写下了"祖宗像民间英雄一样,往往是功大于过的。钱家的祖先也不例外。总的说来,人死后,品德会被夸大。对祖先了解越少,祖先的功德就越高"这样一段话,并提出"在鸿声里祠堂编印的钱氏宗谱标明心梅公是第一任吴越王的第二十二代孙。可是与王族有血缘之亲却没有实际意义,因为在整个吴语区的钱氏人氏通通都是吴越王的后裔"②。

---

① 钱穆:《八十忆双亲 师友杂忆》,生活·读书·新知三联书店2021年版,第137页。
② 邓尔麟著,蓝桦译:《钱穆与七房桥世界》,社会科学文献出版社1998年版,第82页。

钱伟长五次到临安钱镠故里

进入21世纪以后,随着中华大地越来越重视中国传统文化,对家谱的挖掘和研究成为传承中华文明的一个重要方面。钱氏后人对钱氏宗谱的发掘和研究也达到了一个前所未有的高度。寻根认祖,已不仅仅是一个家族的事,而是把它上升到振兴中华的高度。在这方面,钱伟长作出了表率。

临安是吴越国创建者钱镠的故里,钱王墓和钱王祠就坐落在临安。钱伟长曾先后五次来临安寻根问祖。1990年5月9日,时任全国政协副主席的钱伟长携夫人孔祥瑛来到临安祭祖,作寻根之旅。这是钱伟长第一次来到临安。在瞻仰先祖钱王陵墓、钱王祠的同时,他提出了"寻根认同 共振中华",并挥毫写下了这八个大字。钱伟长不仅是世界级的著名科学家,而且是一位热爱祖国、热爱家乡、热爱祖先的著名社会活动家,他站得高、看得远,对祖先的追思和怀念不仅仅囿于钱氏的一家一姓,而是将其提升到"共振中华"的高度。他提出的"寻根认同 共振中华",道出了所有钱氏后裔的心声,汇聚了钱氏后裔的共识。1993年3月25日,《人民日报》(海外版)刊登了钱伟长夫妇在临安拜祭祖陵的照片,在海内外引起巨大的反响。

1994年7月15日,钱伟长还应临安方面的要求,为"钱王祠"题写了匾额。在"钱王祠"三个雄浑古朴的大字下,钱伟长工工整整地写下"三十四世孙钱伟长恭题①,一九九四年七月十五日"一行小字,体现了钱伟长

---

① 钱伟长实为钱王镠第三十五世孙。

钱伟长题写的钱王祠匾额

对先祖的敬仰之情。1996年10月26日,钱伟长携夫人孔祥瑛第二次来到临安拜祭钱王陵墓。这一天的上午10时许,钱伟长来到钱王陵园,顺着钱王祠的台阶而上,当他看见自己题写的"钱王祠"匾额高悬祠堂门楣之上时很是高兴。在钱王塑像前,钱伟长、孔祥瑛夫妇鞠躬如仪,态度虔诚严肃,表达了对先祖的追思怀念之情。接着,夫妇俩又不顾旅途劳累,仔细观看了钱王祠内陈列的资料图片,并不时地向陪同者提有关钱王及钱王后裔的问题。在钱王墓前,钱伟长手扶墓碑,对夫人说:"上次我们曾在里面的位置留过影,我们再留一个。"并嘱咐摄影的工作人员,一定要把他们夫妇俩和钱王墓碑一起照上。直到下午4时许,钱伟长才结束这次祭拜和考察活动。临别时,钱伟长语重心长地说对当地的领导说:"我还会再来的,临安是我的故乡。"

在2002年6月8日,钱伟长、孔祥瑛第三次来到临安,在钱王陵园参加"纪念钱武肃王诞辰1150周年暨铜像揭幕仪式"。2005年,临安举行钱王文化旅游节,钱伟长应邀来到临安,这是钱伟长第四次到临安拜谒钱王陵墓。

第六章 寻根认同 共振中华

2007年6月2日,钱伟长第五次、也是最后一次来到临安。当时他已届95岁高龄,是坐着轮椅远道而来的,这一次可以说是来向祖先告别的。

1996年10月26日,钱伟长携夫人孔祥瑛第二次来到临安拜祭钱王陵墓

钱元凯遵从父训多次来到临安

钱伟长第一次拜谒钱王陵墓时,已是78岁的老人。从1990年到2007年的17年间,他先后五次亲临临安,祭奠钱王,这是非常令人感动的。钱伟长提出"寻根认同 共振中华"并题写"钱王祠"匾额,一方面体现了中华民族"尊祖敬宗"的优良传统,另一方面希望通过这种祭祖活动,来凝聚人心,不忘根本,注重家庭,注重家教,注重家风,更好地为中华民族的伟大复兴而奋斗[①]。

[①]《重教明理 推陈出新 钱伟长五次浙江临安寻根》,"浙江在线新闻网站"2010年7月31日。

在钱伟长的带头下,钱伟长的儿子钱元凯遵从父训,也多次来到临安,拜谒钱王陵墓。为纪念钱伟长先生顺逆交替、荣辱不惊,却始终满含对祖国的热爱、对人民无私奉献的一生,景德镇陶瓷艺术大师钱铧先生无私捐赠,并亲手设计、制作了钱伟长诞辰一百一十周年纪念画盘。2023年1月31日,杭州市临安区钱镠研究会收到由钱伟长之子钱元凯先生与钱铧先生惠赠的"吴越国王钱镠第三十五世孙钱伟长诞辰一百一十周年纪念"瓷画盘一件,已妥为珍藏,旨在缅怀钱伟长先生"无名无利无悔、有情有义有祖国"的情操,并勉励大家发扬钱氏家风,在各自的工作岗位上为国家作出更大的贡献!

景德镇陶瓷艺术大师钱铧设计、制作的钱伟长诞辰一百一十周年纪念画盘

第二节　钱伟长的故乡情结

钱伟长的"寻根认同　共振中华"寻根之旅,还体现在他浓浓的故乡情结上。对于自己的家乡,钱伟长一直充满眷恋,怀有深厚的感恩之情。他多次回到家乡,寻根认祖,给故乡人民留下了深刻的印象。

1978年,钱伟长在自家老宅同堂弟钱慈明、钱克耀、钱行等合影

钱伟长家世、家庭、家教和家风

1991年,钱伟长回到家乡七房桥

和族人一起回忆编排临时家谱

1979年,钱伟长访问故居

1983年,已经到上海担任上海工业大学校长的钱伟长,在繁忙公务之余,驱车来到家乡无锡。他一踏上故乡的土地,心情非常激动,一路看过来,盛赞家乡的变化。当时有人曾问他:"你是研究什么的?"他回答说:"我研究的是做多少攻击力的矛能够攻破多少抵挡力的盾,做多少抵挡力的盾才能战胜多少攻击力的矛。"钱伟长这故作"自相矛盾"的智慧、幽默、不失风趣的话引得在场所有人的开怀大笑,也一下子拉近了他与家乡人之间的距离。

在和乡亲拉家常的时候,钱伟长送上专门携带的各种小点心

第六章 寻根认同 共振中华

1982年,钱伟长与家乡们亲切交谈

招待乡亲族人。当时,宗族的宗谱还不完善,原来已修宗谱还未在乡亲族人中公开、普及,连钱伟长都没有完整地看过。为了更好地寻根,为了更清晰、更准确地了解自己的家世,钱伟长便兴致勃勃地与族人伏在农家八仙桌上,一起写写画画,回忆编排着临时家谱。当走到七房桥老宅旧址时,钱伟长用拐杖指着一棵树下的瓦砾杂草之地深情地说:"这就是我的出生地啊!"①

钱伟长与钱氏族人一起编排家谱

① 曾文彪著:《校长钱伟长》,上海大学出版社2012年版,第247页。

二访后宅小学

后宅小学（今后宅实验小学）是钱伟长的母校。这所学校创建于1908年，前身为养正学堂，1919年至1922年钱穆在这所学校任教并担任校长。钱伟长在7岁时就跟随钱穆在这所小学读书。

1985年秋，钱伟长携夫人孔祥瑛来到后宅小学，一进校，钱伟长就认出了当年在此读书的图书馆、课堂和食

1984年3月，钱伟长夫妇回到家乡

2007年5月，钱伟长最后一次回到家乡，和乡亲们在一起

第六章 寻根认同 共振中华

宿旧址。从当年钱伟长在此读书到现在,已经历了六十多年的沧桑变化,原校舍变动很大,但钱伟长对他过去学习、生活过的地方记忆犹新,每到一处就向陪同人员一一介绍。1990年,钱穆在台北逝世,留下遗嘱,要归葬大陆。11月下旬,四婶胡美琦为踏勘钱穆墓址,从台湾飞抵无锡,钱伟长、孔祥瑛夫妇专程陪同胡美琦再次来到后宅小学。坐落在后宅小学中的泰伯图书馆,是钱穆任校长时倡导建立的,并兼任过图书馆馆长。图书馆中凡购置图书、收藏典籍、纂编目录、定规立章等一应事务,均由钱穆操劳费心。该馆为20世纪20年代无锡有名的四大图书馆之一。钱伟长在参观中,看到图书馆窗明几净、环境优雅、报刊众多、藏书丰富,极为赞赏,并应邀为图书馆题字。临别之前,钱伟长的四婶胡美琦表示,准备将钱穆先生的一部分藏书捐赠给图书馆。现在泰伯图书馆就藏有钱穆的一部分藏书,钱伟长还为泰伯图书馆题写了馆名。

钱伟长题泰伯图书馆

怀念和关心荡口中心小学

无锡市荡口中心小学,前身为荡口华氏私立果育学堂,位于荡口镇,始建于1905年,钱穆曾在这所学校任教,钱伟长曾在这里上学。对于这所母校,钱伟长一直给予关怀,多次回到这所小学视察、看望。

1984年2月,钱伟长第一次回到母校荡口中心小学

1984年2月,已经担任上海工业大学校长的钱伟长,回到家乡,第一次来到荡口中心小学。当他得知新建的教学楼完全是靠校办厂自筹资金建造时,连声夸奖"了不起",说母校"自力更生改建校舍,培育少年,实功在桑梓!"

1988年5月和1989年5月,钱伟长又接连两次来到荡口中心小学,询问了学校开展勤工俭学的情况,并赞扬:"把钱用在改善办学条件上,把钱花在孩子们身上,为孩子们创造实践活动的天地,这个方向好,这个方向对。"

1993年12月,钱伟长第六次返回母校,在回答学校小记者提出的"为什么给新教学楼起名'果育楼'"问题时,钱伟长深情地回答说:"果育是你们——祖国的下一代,要在教师的培育下茁壮成长呀!"之后,他又语重心长地对孩子们说:"读书,没有什么窍门,只有认认真真。踏踏实实,才能把书读好。"

1994年,钱伟长第七次回到母校,听完学校少先队汇

1988年5月,钱伟长第二次回到母校荡口中心小学

1989年5月,钱伟长第三次回到母校荡口中心小学

1990年11月，钱伟长第四次回到母校荡口中心小学

1992年12月，钱伟长第五次回到母校荡口中心小学

第六章 寻根认同 共振中华

2004年10月25日,钱伟长第十次回到母校荡口中心小学,为"钱伟长中队"授旗

2007年5月14日,95岁高龄的钱伟长第十二次回到母校荡口中心小学

报"五自"活动开展情况后,他感慨地说:"对孩子加强自学、自理、自护、自强、自律的教育很有必要,现在独生子女多,有部分家长对子女要求不严格,这样会影响一代人的素质。"他指着一包打开的书说:"今天带来的几本书都是自然科学方面的,对小孩子要加强自然科学知识的教育,要加强美育教育,未来属于孩子们。"2004年,荡口实验小学成立"钱伟长中队",这个中队还被无锡团市委、无锡市少工委正式任命为市级"英雄中队"。

2004年10月25日,钱伟长第十次来到母校,在其题字的"果育楼"前,他为"钱伟长中队"授旗,并寄语所有队员:"一个国家,一个民族确实不能没有英雄,英雄的时代产生英雄,英雄的旗帜引领英雄,愿你们在英雄的旗帜下幸福健康地成长。"①

多次回到无锡市第一中学

无锡市第一中学创建于1911年,前身为无锡县立初等工业学堂。随后百年间,学校历经坎坷,几度变迁:1925年,学校从初等工业学堂发展为商业学校,添办中学部;1927年,学校又从商业学校发展为普通中学,更名为无锡县立初级中学;解放后,学校正式定名为无锡市中学、无锡市第一中学,并于1953年被确定为江苏省重点中学。

无锡市第一中学是钱伟长魂牵梦萦的地方。1927年钱伟长进入无锡县立初级中学学习,怀着以"求进"为核心的学校精神,带着荣光与骄傲,他又从这里走出、走向

---

① 周艳:《一位知识分子的精神风骨——钱伟长关心无锡市荡口实验小学教育事业纪实》,载《辅导员》2010年第10期。

世界。可以说钱伟长是一中历史的见证者、一中发展的推动者、一中形象的代表者,他与这里的师生们有着共同的学校记忆和情感纽带。他多次回到无锡市第一中学,关心着母校的发展与进步。

2023年5月,无锡市第一中学以钱伟长的名字命名的"伟长学院"正式成立,"伟长学院"将成为该校探索拔尖创新后备人才培养的有效载体,标志着无锡一中在推进融合育人实践和推进高品质高中建设中,开启了一个新的里程碑。

祝贺无锡钱镠研究会成立

2004年,经过筹备,无锡市决定成立"无锡钱镠研究会",并定于7月23日在无锡召开成立大会。钱伟长闻讯后,于7月19日写成《祝贺无锡钱镠研究会成立》一文。文中写道:

2003年10月,无锡市、无锡市第一中学的领导祝贺钱伟长华诞

2016年5月14日,钱伟长为无锡市第一中学的钱伟长楼揭幕

2017年5月19日,钱伟长再访无锡市第一中学

第六章　寻根认同　共振中华

欣闻无锡钱镠研究会于2004年7月23日在无锡正式成立,我谨表示衷心祝贺!钱镠研究会是我国几个重要的氏族研究会之一,在发掘、继承和弘扬优秀民族精神和文化传统方面,在团结和凝聚一切爱国力量方面,在推进国家与地方的社会、文化和经济建设方面,发挥着独特的作用。希望无锡钱镠研究会的成立,能够继续发挥这些作用,为推动本地区乃至国家的文化建设、经济建设和社会发展作贡献,成为党的"三个代表"重要思想的坚定拥护者、贯彻者和实践者。预祝无锡钱镠研究会成立大会取得圆满成功![①]

在这篇贺信中,钱伟长高度评价了钱镠研究会在内的我国的"氏族研究会",认为这些研究会"在发掘、继承和弘扬优秀民族精神和文化传统方面,在团结和凝聚一切爱国力量方面,在推进国家与地方的社会、文化和经济建设方面,发挥着独特的作用",表明钱伟长对于中国的"氏族研究会"有着深刻的认识,也体现着他为什么不顾高龄、不顾年迈体弱,先后五次亲临临安作寻根之旅的意义。

---

① 钱伟长:《祝贺无锡钱镠研究会成立》,《钱伟长文集》(下卷),上海大学出版社2013年版,第1418页。

第三节　钱氏家训

钱伟长曾经说过这样一段话:"我们钱氏家族十分注意家教,有家训的指引,家庭教育有方,故后人得益很大。"[①]钱穆的女儿、钱伟长的堂妹钱辉,在退休以后参加老年书法班,在书法方面有些造诣。她曾用心抄写《钱氏家训》,然后一一分送给钱家的第二代和代三代[②]。

关于《钱氏家训》的辑录和传播

《钱氏家训》传播得很广,我们现在看到的和流行的《钱氏家训》,出自1939年钱文选编辑出版的《钱氏家乘》。

钱文选(1874—1957),字士青,晚号诵芬堂主人,安徽广德人。一生著述宏富,有《诵芬堂文稿》《广德县志稿》《美国制盐新法》《英制纲要》《环球日记》《钱氏家

[①]《重教明理　推陈出新　钱伟长五次浙江临安寻根》,"浙江在线新闻网站"2010年7月31日。
[②] 钱婉约:《清辉如照:我的姑母钱辉及其他》,载《中华读书报》2022年12月7日。

乘》《钱武肃王功德史》等传世。抗日战争时期隐居上海,多次拒绝日军要他到杭州任伪职的要求。新中国成立以后,曾任杭州市政协委员。

钱文选作为武肃王钱镠第三十二世裔孙,于1925年编辑出版《钱氏家乘》,1939年由商务印书馆出版的钱文选文集《士青全集》的"第一集 卷六 家训"中,分别辑录了《武肃王八训》《武肃王遗训》《钱氏家训》三则家训。其中在《钱氏家训》的标题之下明确写有"广德钱文选士青采辑",也就是说,《钱氏家训》并非钱氏所留传家训原稿,而是由钱文选采录编辑而成的。

《钱氏家训》分"个人""家庭""社会""国家"四个部分,考"社会"一词,乃近代由日本传入,可证此家训实由钱文选所编辑而成。

考钱伟长这一钱氏支脉,在他们的家世、家庭、家教中,尚未发现有直接引用《武肃王八训》《武肃王遗训》《钱氏家训》等家训原话的记录,然而,钱伟长一家家庭教育的主旨、方法却是与流传的《钱氏家训》相契合的,应该说,祖上所传家训传统和遗泽,对钱氏一门是有影响的,故钱伟长会说:"我们钱氏家族十分注意家教,有家训的指引,家庭教育有方,故后人得益很大。"

2013年,上海将《钱氏家训》列入"非遗代表性项目名录",2021年6月10日,国务院公布了第五批国家级非物质文化遗产代表性项目名录,"钱氏家训家教"成为第一个国家级家训非遗项目。在2009年的博鳌论坛上,时任国务院总理的温家宝在讲话中曾引用过《钱氏家训》中的一句话,"利在一身勿谋也,利在天下必谋之",这表明《钱氏家训》已跨越钱氏一族一姓的范畴,而成为中华民族共同的精神文化遗产。

以下根据钱文选《士青全集》的"第一集 卷六 家训",将《武肃王八训》《武肃王遗训》《钱氏家训》依次分列①。

武肃王八训

(一)曰:吾祖自晋朝过江,已经二十七代,承京公枝叶,居住安国。吾七岁修文,十七习武,二十一上入军。江南多事,溪洞猖獗,训练义师,助州县平溪洞。寻佐陇西,镇临石镜。又值黄巢大寇奔冲,日夜领兵,七十来战,固守安国、余杭、于潜等县,免被焚烧。自后辅佐杭州郡守,为十三部指挥使。值刘汉宏讖起金刀,拟兴东土。此时挂甲七年,身经百战,方定东瓯,初领郡印,寻加廉察。又值刘浩作乱于京口,将兵收复,即绾浙西节旄。又值陇西僭号,诏敕兴兵,三年收复罗平,蒙大唐双授两浙节制,加封郡王。自是恭奉化条,匡扶九帝,家传衣锦,立载私门。梁室受禅,三帝加爵,封锡国号。后唐兴霸,重封国号。玉册金符专降,使臣宣扬帝道,受非常之叨忝,播今古之嘉名。自固封疆,勤修贡奉。吾五十年理政钱塘,无一日耽于三惑,孜孜矻矻,皆为万姓三军。子父土客之军,并是一家之体。

(二)曰:自吾主军,六十年来见天下多少兴亡

---

① 钱文选辑:《钱氏家乘》,载《士青全集》商务印书馆1939年版,第139—143页。

成败,孝于家者十无一二,忠于国者百无一人。予志佐九州,誓匡王室。依吾法则,世代可受光荣;如违吾理,一朝兴亡不定。

(三)曰:吾见江西钟氏,养子不睦,自相图谋,亡败其家,星分瓦解。又见河中王氏,幽州刘氏,皆兄弟不顺不从,自相鱼肉,构讼破家,子孙遂皆绝种。又见襄州赵氏,鄂州杜氏,青州王氏,皆被小人斗狯,尽丧家门。汝等兄弟,或分守节制,或连绾郡符,五升国号,一领藩节。汝等各立台衡,并存功业。古人云:妻子如衣服,衣服破而更新;兄弟如手足,手足断而难续。汝等恭承王法,莫纵骄奢。兄弟相同,上下和睦。

(四)曰:为婚姻须择门户,不得将骨肉流落他乡,及与小下之家,污辱门风。所娶之家,亦须拣择门阀。宗国旧亲,是吾乡县人物,粗知礼义,便可为亲;若他处人,必不合祖宗之望。

(五)曰:莫欺孤幼,莫损平民,莫信谗人,莫听妇言。

(六)曰:两国管内绫绢绸绵等贱,盖谓吾广种桑麻;斗米十钱,盖谓吾遍开荒亩。莫广爱资财,莫贪人钱物。教人勤耕勤种,岁岁自得丰盈。

(七)曰:吾家门世代居衣锦之城郭,守高祖之松楸,今日兴隆,化家为国,子孙后代,莫轻弃吾祖先。

(八)曰:吾立名之后,须子孙绍续家风,宣明礼教。子孙若不忠不孝不仁不义,便是破财灭门。千叮万嘱,慎勿违训。

武肃王遗训

余自束发以来，少贫苦，肩贩负米以养亲。稍有余暇，温理《春秋》，兼读《武经》。十七而习兵法，二十一投军。适黄巢叛，四方豪杰并起。唐室之衰微，皆由文官爱钱，武将惜命。托言讨贼，空言复仇，而于国计民生全无实济。余世沐唐恩，目击人情乖忤，心忧时事艰危，变报络绎，社稷将倾。余于二十四得功，由石镜镇百总枕甲提戈，一心杀贼，每战必克。大江以南十四州军，悉为保障。故由副使迁至国王，垂五十余年。身经数百战，其间叛贼诛而神人快，国宪立而忠义彰。无如天方降祸，霸主频生，余固心存唐室，惟以顺天而不敢违者，实恐生民涂炭，因负不臣之名，而恭顺新朝，此余心之隐痛也。尔等现居高官厚禄，宜作忠臣孝子，做一出人头地事，可寿山河，可光俎豆，则虽死犹生。倘图眼前富贵，一味骄奢淫佚，死后荒烟蔓草，过丘墟而不知谁者，则浮生若梦矣。十四州百姓，系吴越之根本。圣人有言：敬事而信，节用而爱人，使民以时。又云：恭则不侮，宽则得众，信则民任焉。敏则有功，惠则足以使人。又云：省刑罚，薄税敛；又云：惟孝友于兄弟。此数章书，尔等少年所读，倘常存于心，时刻体会，则百姓安而兄弟睦，家道和而国治平矣。至元（"王"加"渊"右半边）、元琛、元璠、元璝、元勋、元禧，俱系幼稚，不特现在之饮食、教训，均宜尔等加意友爱，即成人婚配，亦须尔等代余主持。元璲、元（"王"加"瞿"）、元璹等中年逝世，遗子幼小，亦宜教养怜惜，视犹己子，毋分彼此。将吏士卒，期于宽严并济，举措得宜，则国家兴隆。余之化家为国，凤篆龙纶，堆盈几案，实由敬上惜下，包含正气，而能得此。每慨往代衰亡，皆由亲小人，远贤人，居心傲慢，动止失宜之故。正所谓德薄而位尊，智小而谋大，未有不遭倾覆之患也。尔等各守郡符，须遵吾语。余自主军以来，见天下多少兴亡成败，孝于亲者十无一二，忠于君者百无一人。是以：

第一，要尔等心存忠孝，爱兵恤民。

第二，凡中国之君，虽易异姓，宜善事之。

第三，要度德量力，而识时务，如遇真主，宜速归附。圣人云：顺天者存。又云：民为贵，社稷次之。免动干戈，即所以爱民也。如违吾语，立见消亡；依我训言，世代可受荣光。

第四，余理政钱唐五十余年，孜孜兀兀，视万姓三军，并是一家之体。

第五，戒听妇言，而伤骨肉。古云：妻妾如衣服，兄弟如手足，衣服破犹可新，手足断难再续。

第六，婚姻须择阀阅之家，不可图色美。而与下贱人结褵，以致污辱门风。

第七，多设养济院，收养无告四民。添设育婴堂，稽察乳媪。勿致阳奉阴违，凌虐幼孩。

第八，吴越境内，绫绢绸绵，皆余教人广种桑麻；斗米十文，亦余教人开辟荒亩。凡此一丝一粒，皆民人汗积辛勤，才得岁岁丰盈。汝等莫爱财无厌征收，毋图安乐逸豫，毋恃势而作威，毋得罪于群臣百姓。

第九，吾家世代居衣锦之城郭，守高祖之松楸，今日兴隆,化家为国,子孙后代莫轻弃吾祖先。

第十,吾立名之后,在子孙绍续家风,宣明礼教,此长享富贵之法也。倘有子孙不忠不孝不仁不义,便是坏我家风,须当鸣鼓而攻。千叮万嘱,慎体吾意;尔等勉旃,毋负吾训。

《钱氏家训》

个人

心术不可得罪于天地,言行皆当无愧于圣贤。

曾子之三省勿忘,程子之四箴宜佩。

持躬不可不谨严,临财不可不廉介;处事不可不决断,存心不可不宽厚。

尽前行者地步窄,向后看者眼界宽。

花繁柳密处拨得开,方见手段;风狂雨骤时立得定,才是脚跟。

能改过则天地不怒,能安分则鬼神无权。

读经传则根柢深,看史鉴则议论伟。

能文章则称述多,蓄道德则福报厚。

家庭

欲造优美之家庭,须立良好之规则。

内外门闾整洁,尊卑次序谨严。

父母伯叔孝敬欢愉,姊娣弟兄和睦友爱。

祖宗虽远,祭祀宜诚;子孙虽愚,诗书须读。

娶媳求淑女,勿计妆奁;嫁女择佳婿,勿慕富贵。

家富提携宗族,置义塾与公田;岁饥赈济亲朋,筹仁浆与义粟。

勤俭为本,自必丰亨;忠厚传家,乃能长久。

社会

信交朋友,惠普乡邻。

恤寡矜孤,敬老怀幼。

救灾周急,排难解纷。

修桥路以利人行,造河船以济众渡

兴启蒙之义塾,设积谷之社仓。

私见尽要铲除,公益概行提倡。

不见利而起谋,不见才而生嫉。

小人固当远,断不可显为仇敌;君子固当亲,亦不可曲为附和。

国家

执法如山,守身如玉;爱民如子,去蠹如仇。

严以驭役,宽以恤民。

官肯著意一分,民受十分之惠;上能吃苦一点,民沾万点之恩。

利在一身勿谋也,利在天下者必谋之;利在一时固谋也,利在万世者更谋之。

大智兴邦,不过集众思;大愚误国,只为好自用。

聪明睿智,守之以愚;功被天下,守之以让;勇力振世,守之以怯;富有四海,守之以谦。

庙堂之上,以养正气为先;海宇之内,以养元气为本。

务本节用则国富,进贤使能则国强;兴学育才则国盛,交邻有道则国安。

七房桥的弧形的景墙上将《钱氏家训》印刻在不锈钢板上,每年开学季,附近学校都会组织学龄孩童到这里行"开蒙礼",现场朗读《钱氏家训》

附录
一位普通教师眼中的钱伟长

胡申生

1994年5月27日,上海工业大学(成立于1960年)、上海科学技术大学(成立于1958年)、上海大学和上海科技高等专科学校(成立于1959年)合并组建成为新的上海大学,由钱伟长任校长。

我是上海大学文学院的一名普通教师,对于校长钱伟长,我们这个年龄段的人自然不会陌生,中国科学界的"三钱"之一名震遐迩。然而,当自己成为钱伟长治下的一名教师时,起先内心的感受并不强烈,因为自己离这位科学巨擘的距离实在太远了。然而,当初无论如何不会想到,从1994年到2010年的这16年间,我有机会以一位普通教师的视角来近距离地感受这位传奇校长独特的秉性和风格。

鲜卑族哪里去了?

1999年11月的一天下午,接到通知第二天钱伟长校长要为文学院教师讲课。第二天早上,我和文学院社会学系、历史系和中文系的20多位同事,来到了校行政楼8楼的大会议室。等我们一行到了会议室,钱伟长校长已经坐在那里了。在他的身后放着一块写字板,上面写着讲课题目"鲜卑族哪里去了?"原来钱校长今天要给文学院的教师们讲历史!文学院有历史系、中文系和社会学系,其中也有学养深厚的教授、博士。钱伟长校长讲"鲜卑族哪里去了"这个题目,我并不感到意外。钱校长在中国传统学术方面的深厚造诣我是早就知道的。他幼承庭训,学问受教于其父钱挚和四叔钱穆。尤其是接受钱穆的耳提面命,在中国文史方面打下了深厚基础。钱校长自述当年考清华大学时,考卷中有一道题,问二十四史的作者、注者和卷数,许多人觉得出人意料,被考住了,而他却作了完满的回答。1984年,我还曾经在《红旗》杂志上读过他写的词《念奴娇·庆祝国庆三十五周年》,词中"雄鸡高唱,望东方,万道霞光齐吐。红日一轮照大地,扫尽残雪妖雾"等佳句记忆犹新。

钱校长在给我们讲课的那一年,已经是87岁的高龄了,在讲课的整个过程中,他都站立着脱稿讲授,边讲边书写重要的名词,又不断地画出各种地理图,告诉我们当年鲜卑族活动的范围和去向,其间又夹杂着用英文书写的外国地名。讲课中间,我们以及工作人员多次请他坐下,但他执意不肯,站在那里足足讲了一个半小时。讲课中钱校长旁征博引,如数家珍。他告诉我们鲜卑族的由来,北魏孝文帝的汉化政策和手段,北魏在中华文化中起到的作用,又讲了后来鲜卑族的变化和分布。2000年12月,钱校长又将这次讲课写成《鲜卑族的由来与现在的分布》一文。

在学校听钱校长讲课,是我、也是文学院的教师们第一次近距离接触自己的校长。这次讲课,让我们都感到,站在我们面前的钱伟长与其说是一位名满天下的大科学家,倒不如说是一位熟稔中华典籍、精通文史、学问渊博的硕儒。

大礼堂的事就拜托你了

2001年,我担任上海大学教育部本科教学工作水平评估办公室副主任的职务。12月的一天,时任校党委书记、常务副校长方明伦教授和负责本科教学工作水平评估工作的副校长周哲玮教授,带领我们到延长校区乐乎楼钱校长的住处,向他汇报评估工作。汇报还在进行的时候,办公室同志进来说,上海市市长徐匡迪一行来了。随徐匡迪市长同来的还有时任上海市副市长周慕尧、时任上海市政府秘书长姜斯宪等。原来,徐匡迪即将赴北京担任中国工程院党组书记、中国工程院院长,他来到上海大学,一方面是来谈有关上海大学的工作,另一方面是来向钱校长辞行。

徐匡迪曾担任上海工业大学常务副校长多年,和钱校长联袂工作,感情深厚。当时,我远远地默坐一旁,虽然不清楚钱校长和徐匡迪、周慕尧等交谈的具体内容,但可以看出已经89岁高龄的钱校长对于徐匡迪一行的到来非常高兴,他神采飞扬,谈兴极浓,不时露出孩童般的烂漫笑容。而徐匡迪在钱校长面前,始终谦顺温和,执晚辈礼甚恭。这一幕给我留下了极其深刻的印象。工作谈罢,徐匡迪一行向钱校长告辞,刚要转身向门口走去,又被钱校长叫住。钱校长大声说:"大礼堂的事就拜托你了!"这时徐匡迪即趋身向前,附在钱校长耳朵旁也大声说:"钱老,您放心!"所谓"大礼堂"之事,是指上海大学新校区建设既定规划中大礼堂的建设一事。2002年,上海大学大礼堂正式建成投入使用。2007年,学校将大礼堂正式定名为"伟长楼",由徐匡迪题写。11月23日,学校举行"伟长楼"命名与揭幕仪式,已担任全国政协副主席的徐匡迪来到学校为"伟长楼"揭幕,我也有幸参加了这个揭幕仪式。

1994年,钱伟长任上海工业大学校长已11年了。1994年5月,新上海大学组建,钱伟长又任新上海大学校长,当时已82岁。新上海大学这张蓝图,在钱伟长心中早已绘制好,只是年龄已登耄耋,更有时不我待的急迫感。1997年,钱校长85岁,曾为上海大学新校区奠基一事亲自打电话给市领导,称自己"睡不着",原因是牵挂上海大学新校区的开工。这通电话以后,上海大学很快举行了新校区工程的奠基仪式。他以时不我待的急迫感在和自己的生命历程赛跑,要亲眼看到上海大学新校区最后一个规划项目落地才安心。

"请不下"讲台的校长

2004年,我担任上海大学党委宣传部副部长、精神文明建设办公室主任一职。3月14日,上海大学在大礼堂举行2003—2004学年春季学期研究生首日教育报告。会议安排了钱伟长校长讲话。当时,钱校长已92岁高龄,学校考虑到钱校长的身体情况,安排钱校长讲话的时间为20分钟左右。我作为工作人员参加了会务工作。

大会开始后,一切都很顺利。当会议主持人宣布请钱校长讲话后,大礼堂立即响起了热烈而持久的掌声。所有的研究生都引颈盼望着今天能听到钱校长为他们讲话。钱校长讲话声音不高,但一字一句很清晰。台下的研究生都屏息无声地认真倾听。钱校长从爱国主义教育出发,讲"自强不息"校训,讲研究生的使命担当与家国情怀,讲应该怎样做学问。20分钟的预定时间早就过去了。半小时、一小时、一个半小时,即使经过几次劝说,钱校长仍不愿停止。台下的学生看到这一幕,都为钱校长的率真和赤子情怀感动,全场又响起更加热烈的掌声。

多少年过去了,钱校长在话筒前的这份执拗、坚定,时时萦回在我们的脑际。当时,钱校长讲话逻辑严密,思路清晰,他不肯离开话筒,是因为他太爱自己的学生了,所以会千叮咛、万嘱咐,殷殷情切,不能自已。每个在现场的人,无不被他这份炽烈之情深深地感染。

钱伟长留给上海大学的宝贵财富

2010年7月30日,钱伟长校长逝世。听到讣告时,我正在东北的大庆市作讲座。第二天,也就是31日晚,飞机刚到上海,我就提着行李箱直奔上海大学延长校区乐乎楼。赶到钱校长灵前已经晚上9点多了。向自己的老校长作最后的告别,敬上一瓣心香,是我作为一名教师的本分。

钱校长离开我们已经有12年了,他给上海大学留下了丰厚的遗产。今天的上海大学,在全国高校中声望日隆,这与钱伟长老校长是分不开的。我们今天要细数钱伟长留给上海大学的宝贵财富,可以写上厚厚的一本书。

在我想来,最大的财富是什么?就是钱伟长老校长在上海大学留下的传奇。这个传奇是历史造就的,是时代赋予的,而且一定是后无来者、无可复制的。

"仰之弥高,钻之弥坚,瞻之在前,忽焉在后。"用这句话来评价钱校长在上海大学一代又一代师生心中的地位,应该说是不为过分的。

2022年5月17日

(原载《炎黄子孙》2022年第2期)

参考文献

1. 无锡市史志办公室、无锡太湖文史编纂中心合编：《梅里志　泰伯梅里志》，中国文史出版社2005年版。
2. 钱穆：《八十忆双亲　师友杂忆》，生活·读书·新知三联书店2021年版。
3. 苏轼著：《苏轼全集》，上海古籍出版社2000年版。
4. 赵永良、蔡增基主编：《无锡望族与名人传记》，黑龙江人民出版社2003年版。
5. （美）邓尔麟著　蓝桦译：《钱穆与七房桥世界》，社会科学文献出版社1998年版。
6. 《钱伟长文集》，上海大学出版社2013年版。
7. 钱伟长：《谈四叔钱穆》，《文汇报》1990年11月4日。
8. 钱志仁、钱国平主编：《无锡鸿声钱氏六院士》，无锡市历史学会，2008年5月。
9. 《临安钱镠研究》，2018年8月。
10. 《上海滩》，1994年第4期。
11. 曾文彪著：《校长钱伟长》，上海大学出版社2012年版。
12. 《联合报》，2015年8月1日。

13. 顾禄：《清嘉录》，江苏古籍出版社1986年版。

14. 陈佑庄：《江苏省梅村高级中学90年育英才》，《光明日报》2003年9月12日。

15. 《新无锡》，1917年10月6日、10月14日。

16. 顾建明、钱维均、钱新伟、虞道德编著：《梦萦古皇山——纪念钱伟长诞生110周年》，2023年5月。

17. 钱婉约著：《梅樱短笺》，中华书局2012年版。

18. 《江苏教育报》，1991年1月2日。

19. 周艳：《一位知识分子的精神风骨——钱伟长关心无锡市荡口实验小学教育事业纪实》，《辅导员》2010年第10期。

20. 钱婉约：《清辉如照：我的姑母钱辉及其他》，《中华读书报》2022年12月7日。

21. 《重教明理，推陈出新，钱伟长五次浙江临安寻根》，浙江在线新闻网站，2010年7月31日。

22. 钱文选辑：《钱氏家乘》，1939年印。

23. 苏克勤著：《千年世家传书香——无锡七房桥钱氏家族文化评传》，郑州大学出版社2015年版。

24. 钱志仁、金石声编著：《武肃王钱镠与无锡钱氏》，无锡市钱镠研究会、无锡市锡惠公园文物名胜区，2008年4月印。

25. 钱行、钱辉编：《钱穆家庭档案——书信、回忆与影像》，九州出版社2021年版。

26. 汪学群著：《钱穆评传》，中国青年出版社2019年版。

27. 周育华著：《君子儒钱穆评传》，凤凰出版社2011年版。

28. 郭齐勇、汪学群著：《钱穆评传》，百花洲文艺出版社

2010年版。

29. 陈勇著:《钱穆传》,人民出版社2001年版。

30. 徐耀新主编:《荡口镇》,江苏人民出版社2019年版。

31. 林承谟主编:《钱伟长的故事》,华中科技大学出版社2013年版。